Prix de vente 3.50

Charles PEYREIGNE

Les Influences Européennes au Maroc

Avant la Conférence d'Algésiras

TOULOUSE
Ch. DIRION, Libraire-Éditeur
22, rue de Metz et rue des Marchands, 33

1908

Charles PEYREIGNE

Les Influences Européennes au Maroc

Avant la Conférence d'Algésiras

Ch. DIRION, Libraire-Éditeur
22, rue de Metz et rue des Marchands, 33

INTRODUCTION

Avant d'entreprendre ce mémoire, c'est-à-dire d'aborder l'étude des Influences Européennes au Maroc, il paraît utile de donner une courte description de ces contrées encore presque inconnues de nos jours. Nous résumerons ensuite l'histoire de ces Maures, anciens pirates, qui furent pendant des siècles un vrai fléau pour la marine marchande de l'Europe ; de ce pays où les habitants, ne pouvant plus écumer les mers, sont du moins restés par nature de grands pillards.

Géographie

Au point de vue géographique, le Maroc n'est que la partie occidentale de ce que les Arabes appellent le Maghreb, c'est-à-dire le couchant ; nom qu'il partage avec l'Algérie et la Tunisie, l'Algérie étant le Maghreb moyen et le Maroc le *Maghreb-el-Aksa*, ou pays de l'extrême couchant.

Montagnes :

La chaîne maîtresse du Maroc est le grand Atlas, qui s'étend sur 600 kilomètres de l'ouest à l'est, du Cap Guir au Djebel-Aïachi, son point culminant (4,250 m.). Cette chaîne est précédée au Nord d'une seconde chaîne parallèle, étage inférieur de la première, qui prend le nom de moyen Atlas et dont l'altitude extrême est de 3,500 mètres au Djebel-Aïan.

Tout au Nord, presque sur les bords de la mer, se développent en demi-cercle, entre le cap Tres Forcas et Ceuta, des monts élevés parfois de 2,000 mètres, formant chaîne continue : c'est le Rif.

Au sud du Grand Atlas courent des chaînes parallèles qui vont vers l'est, de l'Océan au Djebel-Aïachi ; elles forment l'Anti-Atlas et ont de 1,500 à 3,000 mètres d'altitude.

Enfin, à l'extrême sud, allant de l'Océan, parallèlement à l'Oued-Drâa, presque jusqu'à ses sources, sur une longueur de 600 kilomètres, se trouve la chaîne du Bani, ou Djebel-Bani, qui n'a guère que 2 ou 300 mètres de hauteur.

Fleuves :

Au sud : l'*Oued-Drâa*, peu important peut-être comme débit, mais le plus long des fleuves Marocains ; il a 1,200 kilomètres et vient des monts Idran n'Deren, dans l'Anti-Atlas ; il suit le Djebel-Bani pendant la moitié de son cours et se jette dans l'Atlantique au-dessous d'Ifni.

A l'ouest : l'on trouve après la rivière de Mogador, *le Tensift* qui passe à Merrakech.

L'Oum-er-Bia (ou Rebia), appelé « la mère du printemps, ou des pâturages ». C'est le second fleuve du Maroc occidental, non par son importance, mais par sa longueur : il vient du Djebel-Aïan, point culminant (3,500 m.), comme nous l'avons vu, du moyen Atlas ; il passe à Azemmour.

Le Bou-Regrag (ou Regreg), qui vient aussi de la région du Djebel-Aïan et après 200 kilomètres de cours, se jette dans l'Atlantique entre Rabat et Salé.

Enfin, *l'Oued-Sebou,* le fleuve le plus important de ce versant, et même du Maroc, qui draine tous les monts au sud de Fez, prend sa source au Djebel-Aïan. Il est large de 100 à 300 mètres dans son cours inférieur, profond de 3 mètres, a des crues de 7 mètres et pourrait, paraît-il, être remonté par des vapeurs à fond plat jusqu'à la hauteur de la capitale, au confluent de l'Oued-Fez.

Il se jette dans l'Atlantique après un cours de 450 kilomètres, au-dessus de Salé.

Au nord : sur le versant du Rif, il n'y a que des torrents, la montagne étant trop près de la côte.

A l'est : on trouve la Moulouïa (ou Moulouya), dont la traduction arabe signifie «la Tortueuse » ; elle prend sa source au Djebel-Aïachi et se jette dans la Méditerranée entre Melilla et Nemours, à quelques kilomètres au sud-est des îles Zaffarines, après un cours de 400 kilomètres.

Au point de vue économique, le Maroc se divise en deux versants : le versant maritime, très fertile, et le versant Saharien, région désertique avec de nombreuses oasis, (à citer celles de l'Oued-Drâa, de Tafilet, de Figuig, etc...). Le centre est excessivement montagneux et l'altitude de ses montagnes aidant, possède un climat tempéré, pluvieux, semblable à celui de notre Bretagne.

Il s'agit bien entendu ici, des altitudes moyennes et non des régions du Djebel-Aïan ou du Djebel-Aïachi, dont la grande élévatïon fait de vraies contrées alpestres.

Population :

Comme population, le Maroc peut avoir de 8 à 14 millions d'habitants ; les renseignements sont si vagues pour ce pays fermé ou presque, à la civilisation, que l'on ne peut fixer à ce sujet aucun chiffre, même approximatif.

La population est aux deux tiers composée par la race Berbère ; pour le reste par des Arabes, des Noirs et des Juifs.

Les Berbères habitent entre le Rif et le Tafilet les régions montagneuses et les oasis sahariennes. Les Arabes se divisent en deux groupes : l'un qui comprend les descendants des premiers Arabes venus au Maroc, vit dans la plaine, les campagnes, menant la vie nomade ou se livrant à l'agriculture; le second, se compose des Arabes négociants qui habitent les villes.

Les nègres sont des esclaves, ou des gens libres issus d'anciens esclaves, d'origine soudanaise.

Le croisement de ces trois races a produit la population hybride des Maures.

Les juifs, au nombre de 100.000 environ, habitent les villes, enfermés dans un quartier spécial appelé Mellah, d'où ils ne peuvent sortir que tête et pieds nus, ou avec un foulard sur la tête, dans certaines villes.

Il y a enfin une dizaine de mille européens, dont 6.000 à Tanger; sur ces dix mille personnes, il faut compter environ 6.000 Espagnols.

La langue courante au Maroc est l'arabe ; mais presque tous les Marocains, même dans l'intérieur, parlent ou comprennent l'espagnol.

La monnaie espagnole est aussi employée dans tout l'empire; le douro est le véritable étalon monétaire, c'est sur lui que se règlent les variations de la monnaie marocaine ou *Hassani*.

Villes principales :

Fez, 100 à 130.000 habitants; capitale de l'empire, résidence du sultan, traversée par l'Oued-Fez, affluent du Sebou.

Méquinez (ou Meknès), 30.000 habitants.

Merrakech (ou Maroc), 50.000 habitants, à quelques kilomètres de l'Oued-Tensift.

Tanger, 35.000 habitants, ville européanisée, siège des ambassades étrangères et résidence du ministère des affaires étrangères du sultan ; le port le plus important comme trafic commercial de l'empire ; située à l'ouest du cap Spartel, à quelques kilomètres de l'entrée du détroit de Gibraltar.

Casablanca, port sur l'Atlantique ; 30.000 habitants, à moitié chemin entre Tanger et Mogador.

Rabat, 25.000 habitants, sur la rive gauche de l'Oued-Bou-Regrag ; port sur l'Atlantique.

Tétouan, 20.000 habitants, sur l'oued du même nom, à quelques kilomètres de la Méditerranée, au nord-est de l'empire.

Mazagan, 15.000 habitants, port sur l'Atlantique.

Larache, 14.000 habitants, port sur l'Atlantique, sur la rive gauche de l'Oued-Kous.

Salé, 10.000 habitants, sur la rive droite de l'Oued-Bou-Regrag, port sur l'Atlantique.

Oudjda, 8.000 habitants, dans l'intérieur des terres, à l'est de l'empire, sur la frontière algérienne, à 24 kilomètres de Lalla-Maghnia.

Oasis :

Les *oasis de Tafilet*, berceau de la dynastie actuelle, ont une population de 100.000 habitants environ, à l'extrême-sud de l'empire.

L'*oasis de Figuig*, 15.000 habitants environ ; composée

de sept ksours enfermés dans une seule enceinte, dont les principaux sont ceux de Zenaga et d'El-Oudarir.

Deux rivières traversent la palmeraie et il y a aussi de nombreuses sources : il y aurait, dit-on, plus de 200.000 dattiers dans l'oasis.

On y fabrique des broderies de soie sur cuir.

Presides :

Melilla avec 3.000 habitants, et Ceuta 20.000 habitants.

Histoire

Dans l'aperçu historique qui va suivre, nous n'avons pas la prétention de détailler la longue suite d'invasions et de guerres qui composent uniquement l'histoire du Maroc ; nous nous bornerons à relater les faits principaux, en nous étendant seulement un peu sur la période historique qui nous intéresse plus spécialement, celle qui a précédé la Conférence d'Algésiras.

— Les Berbéres, dit-on, habitaient la région que l'on appelle aujourd'hui le Maroc, bien avant Jésus-Christ ; qu'étaient ces Berbéres ?

Certains auteurs prétendent que c'étaient des peuples asiatiques venus de la Palestine, du nord de l'Arabie ou des bords de l'Euphrate, qui se seraient assimilés les populations d'origines diverses habitant alors le pays.

La réunion de ces éléments aurait formé la race Berbére.

D'autres disent (Tissot de la Martinière), que le Maroc fut envahi par les Aryens, vers le quinzième siècle avant notre ère.

Quelle que soit l'origine de ces Berbéres, il est certain que ce furent les premiers habitants connus du Maroc.

Par la suite, la côte se peupla de colonies grecques et phéniciennes ; l'invasion romaine vint ensuite ; le Maghreb s'appela alors *Mauritanie Tingitane.*

Les Vandales, qui y vinrent vers 429 furent chassés par Bélisaire, à la tête des Byzantins en 533 ; celui-ci alla même jusqu'à Tanger, rendant la Mauritanie Tingitane à la domination Byzantine.

La conquête arabe commença vers 681 avec les *Oméïades* qui régnaient à Damas ; à la fin de ce siècle, ils étaient maîtres de tout le Maghreb occidental (699).

C'est à partir de cette date que les Berbéres, qui étaient jusqu'alors chrétiens, juifs ou idolâtres, commencèrent à se convertir à l'Islamisme.

Pourtant ces Berbéres luttaient toujours contre les Arabes, lorsqu'en 788, *Idriss-ben-Abdallah*, petit-fils d'Ali, gendre du Prophète, de la dynastie des *Alides* (que les *Oméïades* avaient remplacés), se réfugia d'Arabie au Maghreb, où les Berbéres lui firent bon accueil et le reconnurent pour chef.

C'est ce sultan qui a fondé Fez, en 809.

Les *Idrissites* restèrent au pouvoir jusqu'en 919.

Après eux, les *Fatimites* (descendants de Fatima ou Fathma, fille de Mahomet), venant d'Ifrika, en Tunisie, s'emparèrent du Maghreb occidental et bâtirent Méquinez, en 940.

En 988, Ziri-ben-Atia, chef des Maghraona, un *Zenète*, fut investi du commandement du Maghreb par les kalifes Oméïades d'Espagne.

Les *Zenètes* eurent le pays sous leur dépendance jusqu'en 1070; ils fondèrent Oudjda.

Mais en 1070, des Berbéres du Sud, *les Almoravides*, vinrent dans le Maghreb occidental ; ils s'emparèrent des oasis du Drâa, du Sous, et finalement de tout le Maroc ; un de leurs sultans, *Youssef-ben-Tachefine* fonda « Maroc » et conquit l'Espagne en 1086.

Aux *Almoravides*, en 1149, succédèrent les *Almohades*, Berbéres eux aussi, venant du Grand-Atlas, soulevés par un réformateur, *Mohammet-ben-Toummert*, qui se faisait appeler le *Madhi*.

Ceux-ci furent à leur tour chassés en 1270, par les *Mérinides*, issus d'une fraction des *Zenètes*, et qui étaient des Arabes mêlés avec des Berbéres.

Ils rentrèrent dans le Maghreb occidental, près d'Oudjda, par l'Oued-Télagh; occupèrent Fez, Maroc, et régnèrent enfin sur presque tout le pays.

Après les *Mérinides*, vers 1550, arrivèrent les *Cheurfa Saadiens*, venus de *Taroudant*.

Enfin, au dix-septième siècle, les *Cheurfa Filali* ou *Hassani*, s'emparèrent du Maroc; leur dynastie était arabe et c'est celle qui règne encore actuellement sur ce pays.

Le chef en fut *Mouley-ech-Chérif*, maître de *Tafilala*,

qui vint vers 1620 de Yambo, dans l'Hedjar (Arabie), en Tafilet. Il descendait de Hassan, fils d'Ali, neveu et gendre du Prophète (d'où le nom d'*Hassaniles* donné à cette branche des Cheurfa).

Il mourut en juin 1659 ; son fils, *Mouley-er-Rachid*, prit Fez en 1667.

Depuis lors, on peut citer : *Mouley-Ismaël* (1672-1727), qui rétablit une certaine sécurité au Maroc) ; *Mouley-Mohammet* (1758-1789) ; *Mouley Slimane* (1792-1822) ; *Mouley-abd-er-Rahman* (1822-1859), sultan lors de la conquête de l'Algérie, neveu de *Mouley Slimane*, (presque tout le Magreb-el-Aksa fut sous sa domination).

Après lui, il faut nommer *Mouley-Hassan*, qui fut un grand souverain et régna de 1873 à 1894, enfin, son fils *Abd-el-Aziz*, qui est encore sultan du Maroc. Quand son père mourut, il n'avait que 14 ans et il resta alors sous la tutelle d'un vieux caïd, *Si-Ahmed-ben-Moussa*, que l'on appelait *Ba-Ahmed* ou *Ben-Ahmed*, jusqu'à sa majorité (19 ans) : celui-ci réussit, à force de diplomatie, à maintenir sur la tête de son jeune maître, le demi prestige de ce qui est l'autorité Chérifienne.

En 1900, *Abd-el-Aziz*, devenu majeur, prit la direction effective des affaires, mais il avait un grand goût pour ce qui était nouveau, pour les réformes à l'européenne. Des aventuriers anglais mirent à profit ces intentions plutôt curieuses, du nouveau sultan. Un ancien sous-officier de Gibraltar, un écossais nommé Mac-Léan, que l'ancien ministre d'Angleterre, Sir J. D. Hay. avait placé comme instructeur militaire à Fez, et un correspondant du Times à Tanger, M. Walter, B. Harris, prirent une grande influence sur *Abd-el-Aziz*, tournant vers des fantaisies coûteuses les curiosités d'esprit de celui-ci.

Mais les vieux caïds, virent d'un mauvais œil leur jeune maître se lancer ainsi dans des dépenses fabuleuses; les populations furent mécontentes des réformes que voulait faire le sultan; l'orage commença à gronder, surtout parmi les tribus du Rif : d'autant plus que pour remplir ses coffres, rapidement vidés par ses folles dépenses, Abd-el-Aziz les faisait pressurer par d'impitoyables collecteurs d'impôts.

On attendait le Madhi! Il vint. Un agitateur se leva, voici comment :

Un homme jeune, monté sur une ânesse grise, suivi d'un cavalier, parcourait les environs de Taza, demandant l'hospitalité aux Caïds et aux Marabouts.

Il les étonnait par son érudition et sa grande piété; au moment de prendre congé d'eux, son compagnon s'approchait de l'hôte, lui parlait à l'oreille, et les deux voyageurs continuaient leur route. Bientôt on se répéta que le fils aîné de Mouley-Hassan, Mouley-Mohamed, injustement éloigné du trône, s'était évadé de Fez et après un séjour en Algérie, revenait au Maroc pour réclamer son héritage légitime.

Après avoir bien préparé le terrain, l'inconnu se rendit à Taza un jour de marché et harangua la foule, lui disant : « Que Dieu l'avait envoyé pour rendre au pays « le calme et la prospérité et chasser les chrétiens dé-

« testés, qui s'étaient saisis du pouvoir et s'enrichissaient « en pillant le trésor. »

Il eut un grand succès, on reconnut en lui le prétendant et les premières troupes venues de Fez pour rétablir l'ordre, furent battues.

L'individu en question, qui se faisait passer pour Mouley-Mohamed, était un certain Djilali-Elisfi-Ezzerhoumi de la tribu des Oulad Issef, qui se fit appeler *Mohammed-el-Rogui* et que l'on surnomma Bou-Hamara (l'homme à l'ânesse).

Il prêcha la guerre sainte depuis les côtes du Rif, jusqu'à l'Anti-Atlas ; en 1902, il établit son quartier général à Taza.

Voyant celà, Abd-el-Aziz eut l'heureuse inspiration de faire venir de Méquinez, où il était interné, son frère Mouley-Mohamed, celui pour lequel Bou-Hamara se faisait passer. On lui fit faire une entrée solennelle dans la capitale ; les deux frères se réconcilièrent publiquement, s'embrassèrent, et Mouley-Mohamed fut nommé gouverneur de la province de Fez.

C'était un gros coup porté à Bou-Hamara qui s'approchait de Fez ; Abd-el-Aziz envoya contre lui son ministre de la guerre, El-Menehbi, à la tête de son armée ; celui-ci, le 29 janvier 1903, tomba à l'improviste sur les troupes du Rogui qui fut mis en déroute et obligé de fuir dans les montagnes du Rif.

Le calme, malgré cela, n'était pas rentré dans le pays ; entre temps, un Chérif, du nom de *Raissouli*, avait organisé une bande de pillards et vrai capitaine de brigands, il se mit à piller, voler, sur la route de Fez à Tanger, arrêtant et rançonnant les étrangers.

D'autre-part, El-Menehbi qui avait occupé Taza, s'y trouva bientôt presque bloqué par Bou-Hamara, qui revenait avec de nouvelles troupes levées dans le Rif. Le sultan essaya alors de faire une expédition contre Taza, mais elle ne fût pas très heureuse ; El-Menehbi fut mis en digrâce et rentra à Fez,

Le Rogui se cantonna dans Taza, tandis qu'un de ses lieutenants, Bou-Amama, guerroyait sur la partie Est de l'empire.

Après diverses alternatives d'échecs ou de victoires de part et d'autre, soit du côté du Rogui ou de Bou-Amama, soit du côté du sultan, nous arrivons ainsi à la fin de 1905, où doit s'arrêter notre étude : les adversaires sont toujours en présence, c'est-à-dire que l'anarchie qui n'a presque jamais cessé d'exister depuis les temps les plus reculés, règne toujours au Maroc.

D'après ce résumé historique, on peut voir que le Maroc n'est pas un empire au propre sens du mot : en effet, qui dit empire dit puissance : or, l'autorité du sultan, ou Maghzen, est trop précaire, pour que l'on puisse s'appuyer sur elle pour en faire la tête d'un gouvernement.

Au moment où va s'ouvrir la conférence d'Algésiras,

que voit-on dans le Maroc? un pays divisé; partie pour le sultan, partie pour le Rogui et quant au reste, c'est-à-dire la plus grande portion de ces contrées, une quantité de tribus ne voulant obéir à personne.

Le Maroc se compose en effet de provinces, les unes indépendantes, les autres en partie soumises à l'autorité d'un homme que l'on considère plutôt comme un pontife que comme un souverain; il n'y a ni cohésion, ni homogénéité dans ce pays : le gouvernement du Chérif n'existe pas en fait, car il n'y a pas au Maroc d'organisation de pouvoirs; le sultan commande... à qui veut bien l'écouter.

Certaines personnes distinguent dans ce vaste territoire deux régions, deux zones d'influence distinctes, dont l'une s'appellerait le *Blad-el-Maghzen*, ou pays de l'autorité et l'autre le *Blad-el-Siba*, ou pays de la révolte. En d'autres termes, une partie de l'empire serait soumise au sultan et l'autre serait indépendante : dans cette division, le Chérif aurait pour lui la partie intérieure du Maroc; le littoral, au contraire, échapperait à son influence.

Mais peut-on affirmer celà, lorsque l'on voit l'anarchie et la révolte régner partout? Quels sont donc, dès lors, les pays Maghzen et les pays Siba?

Lorsque le Sultan va réduire des tribus révoltées d'un côté de son empire, c'est l'autre qui se soulève; le Rogui se déplace lui aussi, changeant ainsi les zônes d'influences du Maghzen; hors celà enfin, les tribus elles-mêmes, de toutes parts, ne cessent de lutter entre elles.

Le Maroc, en ce qui concerne sa vie intime, n'offre donc aucune consistance, aucune harmonie, aucun gouvernement ; rien de ce qui constitue un état : ce n'est qu'un composé d'éléments divers, auquel le principe de religion parvient seul à donner un semblant d'équilibre.

Tel est le pays avec lequel, depuis plus de cinq siècles les nations européennes en général, ont établi diverses relations ; soit de vive force, soit par des traités, presque toujours peu ou point respectés par le Maroc.

Ce sont ces influences que nous allons essayer de décrire dans l'étude qui va suivre ; arrêtant ce mémoire au moment où l'Europe va tâcher de mettre, si c'est possible, un peu d'ordre dans ce grand désordre, c'est-à-dire à la Conférence d'Algésiras du 15 janvier 1906.

Dans un premier chapitre, nous étudierons les influences européennes au Maroc, jusqu'à la conférence de Madrid de 1880 : les capitulations et la juridiction consulaire, les influences respectives de chaque nation ; puis au point de vue international, les Conventions de Tanger de 1863 et 1865, le Conseil sanitaire.

Dans un deuxième chapitre, nous parlerons de la Conférence de Madrid de 1880 ; nous verrons comment elle fut amenée et nous analyserons les questions internationales qu'elle résoud : la protection au Maroc, le droit de propriété, la naturalisation, la liberté de commerce.

Avec le troisième chapitre, nous verrons l'Europe au Maroc de 1880 à 1905 : d'abord, dans les rapports des diverses nations intéressées avec l'empire des chérifs, ensuite, dans ses rapports internationaux avec lui ; ceci nous amènera à parler de la Commission d'hygiène de Tanger, du sémaphore du cap Spartel, des postes européennes, des relations commerciales de l'Europe avec l'empire Marocain.

Enfin, dans un quatrième et dernier chapitre, nous étudierons les circonstances qui amenèrent la conférence de 1906, c'est-à-dire, la *querelle d'Allemand*, que souleva contre nous, en 1905, Guillaume II à propos du Maroc, et qui nous amena à Algésiras avec les autres nations européennes.

CHAPITRE PREMIER

Les Nations Européennes au Maroc jusqu'à la Conférence de Madrid (1880)

CHAPITRE PREMIER

Les Nations Européennes au Maroc, jusqu'à la Conférence de Madrid, 1880.

SECTION PREMIÈRE

Les Capitulations et la fonction juridique Consulaire

Les pays de l'Islam ont une religion, des mœurs, des coutumes, très différentes de celles des nations de chrétienté : celles-ci ne pouvaient donc pas, en ce qui concerne les relations de leurs nationaux avec ces pays, suivre les mêmes règles que celles qui les régissent entre elles.

Il leur a donc fallu traiter avec les différentes nations musulmanes, afin d'obtenir chez elles des garanties suffisantes pour la sécurité de leurs nationaux qui y résident.

Ces conditions spéciales, consenties aux sujets des puissances chrétiennes qui résident temporairement, ou d'une manière permanente, sur le territoire de l'Islam, ont commencé à être accordées par l'empire Ottoman, à l'époque de sa toute puissanee, sous le nom de Capitulations.

Ces traités, qui ont créé dans le Droit International public, une exception remarquable aux principes sur lesquels il repose, soustraisent les Européens, entre autres privilèges, à l'action des autorités de la Porte et les font relever de leurs autorités respectives, c'est-à-dire des agents diplomatiques et consuls qui les représentent.

Mais il n'y a pas que la Turquie et les Echelles du Levant qui soient des pays de Capitulations ; il y a aussi les Echelles Barbaresques, et c'est précisément ce qui nous a amené à en parler, car le Maroc fait partie de ces dernières.

Dans les pays de chrétienté, les étrangers (d'après les règles du droit commun), sont soumis aux lois des nations dans lesquelles ils résident : ils y sont traités comme les indigènes ; notamment au point de vue des impôts, de l'action de la police, de la juridiction civile et pénale.

C'est la conséquence de la *souverainelé territoriale ;* et si les consuls des nations chrétiennes remplissent dans les autres pays identiques, certaines fonctions, (commerciales par exemple), ce ne sont jamais celles de juges.

Au contraire, dans les pays de Capitulations, comme le Maroc, les étrangers jouissent, d'après certains auteurs, de l'*Exterritorialité ;* c'est-à-dire qu'ils sont considérés comme vivant hors du territoire de l'empire Marocain, en dehors de sa souveraineté. Les agents diplomatiques ou consuls de leur nation, sont les seules personnes dont ils relèvent, en vertu même de cette exterritorialité.

Nous avons vu plus haut qu'il en est ainsi à cause de la différence de religion, de mœurs privées, qui existe entre chrétiens et Musulmans ; mais ceci demande à être mieux expliqué.

Le Coran s'impose chez les peuples Musulmans, à la fois comme code religieux, politique, civil et pénal, des *Croyants ;* en outre, c'est la parole de Dieu lui-même, par l'intermédiaire de son prophète.

Il voue de ce fait la civilisation Musulmane à une immobilité absolue, et il ne peut admettre dans sa communion, les droits et les croyances des nations civilisées qu'il réprouve.

Il ne permet en effet, ni la distinction des pouvoirs, ni le perfectionnement de la législation civile ou pénale : c'est la voix de Dieu, avons-nous dit ; les kalifes, successeurs directs de Mahomet, veillent au maintien de leur suprématie spirituelle sur les peuples Musulmans ; mais ils ne peuvent rien changer au Coran.

Pourtant, chrétiens comme musulmans, avaient

intérêt à rendre possibles et sûres entre eux leurs relations commerciales : qu'ont-ils fait alors? des traités, c'est-à-dire des Capitulations ; moyen terme, permettant à l'Europe chrétienne de rentrer en rapports avec les pays de l'Islam, en dehors des préceptes du Coran et du droit international.

Voilà donc les motifs qui ont amené les nations chrétiennes à traiter des Capitulations avec le Maroc, comme elles en avaient avec les Echelles du Levant et les autres Echelles de Barbarie.

En réalité, l'exterritorialité n'est pas complète ; en effet, comme nous le verrons dans cette étude, à propos des propriétés immobilières, les étrangers sont soumis, en ce qui concerne leur transmission et leur aliénation totale ou partielle, aux lois locales ; il en est de même pour toutes les contestations auxquelles elles peuvent donner lieu ; enfin, la juridiction marocaine est encore compétente pour certains conflits entre Européens et sujets du sultan.

La fiction d'exterritorialité, ainsi soumise à des restrictions, ne semble donc pas applicable à la situation des Européens au Maroc ; on peut plutôt expliquer les privilèges qui leur sont accordés par la notion d'un *statut personnel* réglant leur situation juridique dans ce pays. De cette façon le gouvernement Chérifien ne pourrait pas volontairement modifier les contrats passés avec les nations européennes, sous un prétexte quelconque ; et il est obligé d'accepter le principe de la personnalité des lois, vis-à-vis des étrangers résidant sur son territoire.

Si l'on s'étonne de ce que les capitulations soient distinctes pour l'empire Chérifien, de celles qui furent accordées par la Porte, ceci s'explique ainsi :

A proprement parler, l'empire du Maroc n'a jamais relevé du Kalife de Constantinople ; ses sultans se sont toujours prétendus issus de la lignée directe de Mahomet et se considérant comme les vrais détenteurs de son autorité, ils ont toujours revendiqué leur autonomie religieuse, aussi bien que politique, vis-à-vis de la Porte.

La France a eu onze capitulations avec le Maroc; la première remonte à 1630 ; la plus importante fut celle du 28 mai 1767, passée entre Louis XIV et l'empereur Mouley-Mohammed par l'intermédiaire du comte de Breugnon.

Du reste, les Capitulations n'étant, comme nous l'avons dit plus haut, que les divers traités passés entre le Maroc et les nations européennes, nous aurons l'occasion de les étudier pour les divers pays comme pour la France, en analysant les influences respectives de chaque nation au Maroc.

Mais, outre les questions de protection, de propriété, etc..., comprises dans les Capitulations, que nous verrons plus loin, et les immunités diplomatiques, telles que l'exemption d'impôts, l'inviolabilité de la personne des consuls et de leur demeure, qui sont connues de tout le monde, il nous faut analyser l'état légal que les Capitulations ont créé au Maroc, c'est-à-dire la fonction juridique consulaire, puisque c'est aux consuls qu'appartient le droit de juger leurs nationaux et de s'occuper de leurs affaires.

Etudions donc cette fonction consulaire, en tant que juridiction civile, pénale, maritime, surveillance commerciale, etc... Cette analyse, du reste, ne sera que le résumé des articles 11 à 18 du traité de 1767 entre la France et le Maroc, car ce traité est la base même des rapports de l'empire Chérifien avec les diverses puissances européennes : sa teneur en effet a été reproduite, en ce qui concerne la juridiction consulaire, dans les diverses conventions que les sultans ont conclues avec l'Europe. En d'autres termes, c'est la « capitulation-type » de la juridiction consulaire au Maroc.

I

Les Consuls règlent les différends entre leurs nationaux, par l'exercice de la juridiction civile, commerciale, criminelle.

Il faut envisager cependant trois cas, suivant qu'ils ont à exercer cette juridiction : 1° Sur les contestations entre leurs nationaux ; 2° Entre ceux-ci et les sujets Marocains ; 3° Entre leurs nationaux et les sujets d'autres pays étrangers.

1° En ce qui concerne les contestations entre leurs nationaux, ils en sont seuls juges et leur appliquent les lois de leur pays.

2° Pour les contestations entre leurs nationaux et les sujets marocains, il y a deux cas à envisager.

A. Si le demandeur ou plaignant est un sujet étranger et le prévenu, ou défendeur, un sujet Marocain, le gouverneur de la ville, ou le Cadi, seront juges, suivant que le cas ressortira de la juridiction de l'un ou de l'autre.

Le sujet étranger introduira la demande devant le gouverneur ou le Cadi, par l'intermédiaire du consul général, consul, vice-consul ou agent diplomatique de son pays ; ceux-ci, comme le demandeur du reste, auront le droit d'être présents au procès pendant toute sa durée.

B. Si le demandeur est sujet marocain et le défendeur étranger, les autorités marocaines introduiront la demande auprès du représentant étranger intéressé et pourront assister au procès avec le demandeur.

C'est la règle, *actor sequitur forum rei ;* c'est-à-dire que le litige est porté devant le tribunal de la nationalité du défendeur.

Le tribunal compétent est celui de la résidence habituelle du défendeur.

3° Quant aux contestations entre sujets étrangers de nationalités différentes, il est de règle de leur appliquer aussi le même principe, *actor sequitur forum rei ;* et de porter le litige devant la juridiction consulaire du défendeur, le consul ou chargé d'affaires du demandeur ayant le droit de suivre le cours du procès.

II

Les consuls remplissent au Maroc les pouvoirs attribués dans leur pays aux officiers de l'état civil.

III

Ils exercent le droit de police et d'inspection sur les gens de mer; autrement dit, ils président le tribunal maritime commercial de leur résidence. Ils font arrêter les délinquants, réclament les déserteurs, mettent les bâtiments sous séquestre.

IV

Ils procèdent aux inventaires des successions de leurs nationaux décédés dans leur résidence ; ils liquident les successions et en transmettent le produit aux personnes ou aux institutions compétentes de leur nation : (pour la France, le ministre des Affaires étrangères et la caisse des Dépôts et Consignations, s'il y a lieu).

V

Ils reçoivent les actes de tous leurs nationaux, délivrent les passeports, les patentes de santé, les certificats de bonne vie et mœurs.

Ils reçoivent les dépôts et légalisent les actes des autorités territoriales qui doivent être produits dans leur pays.

VI

Les consuls reçoivent enfin les contrats d'affrètement, les déclarations des capitaines de navires; ils autorisent, lorsqu'il y a lieu, les contrats à la grosse aventure ; dressent les procédures d'avaries et les règlements auxquels celles-ci peuvent donner lieu.

Ils reçoivent et donnent acte des délaissements des navires, dirigent les sauvetages des navires de leur nation et procèdent au rapatriement des équipages de ceux qui ont été délaissés, ou sont naufragés.

SECTION II

Les Influences respectives de chaque nation

Dans cette étude, nous n'avons pas la prétention d'analyser en détail l'histoire internationale du Maroc, nous nous contenterons seulement de signaler les principaux faits, les rapports divers ; en un mot, les influences historiques importantes, que l'Europe a pu avoir dans le pays des Chérifs.

Pour l'énumération qui va suivre, nous prendrons les nations dans l'ordre chronologique de leur entrée en relations, violente ou pacifique, avec le Maroc.

Espagne

C'est la première de toutes les puissances européennes qui planta son drapeau sur la terre marocaine.

Enrique III de Castille, en 1399, s'empara de Tétouan. Il faut arriver ensuite à 1496 pour voir une nouvelle incursion espagnole; à cette époque-là, Pierre Estopiñan, officier attaché à la maison du duc Medina-Sidonia, réussit à prendre Melilla. En 1564, Don Garcia de Tolède, vice-roi de Catalogne, s'empara du Peñon de Velez que Pierre de Navarre avait bien déjà pris une fois, en 1508, mais qui par la suite avait été abandonné à l'ennemi.

Au moment de l'annexion du Portugal par l'Espagne, en 1578, Philippe II devint maître de Ceuta qui appartenait aux portugais. Lorsqu'en 1640 les deux royaumes furent de nouveau séparés, les successeurs de Philippe II ne voulurent pas rendre Ceuta ; l'Espagne garda définitivement cette place, en vertu du traité de paix passé le 13 février 1668 entre Don Carlos II, roi d'Espagne, et Alphonse VI, roi de Portugal.

Enfin en 1673, le prince de Monte-Sacro occupa sans résistance le rocher d'Alhucemas.

L'Espagne avait donc acquis aux deux-tiers du dix-septième siècle, quatre places sur le littoral marocain ; elle les fortifia de son mieux, en attendant de pouvoir pénétrer dans l'intérieur de ce pays inconnu : c'étaient les *Présides* (Présidios), sentinelles avancées des espérances espagnoles sur le pays des Chérifs.

Mais dès les débuts de leur occupation, ces Présides se trouvèrent dans une situation périlleuse ; sans-cesse ils étaient assaillis par les tribus du Rif ; à défaut de ces attaques, les armées des Sultans venaient les bloquer, leur faisant soutenir des sièges interminables. Seules, la vaillance et le courage, autant que la patience de leurs défenseurs, parvinrent à sauver ces forteresses, sortes de jalons placés sur cette côte inhospitalière, sans autres ressources que leurs fortes murailles.

Vers la fin du dix-septième siècle le sultan Mouley-Ismaël voulut lui aussi, s'emparer des Présides : il vint assiéger Melilla ; un de ses lieutenants et son fils, Ceuta et Peñon de Velez.

Ce furent de longs sièges, sans résultat du reste pour les Marocains ; mais on se fera une idée de la ténacité des armées des Chérifs, si l'on songe que Ceuta résista pendant vingt-sept ans !

Malgré ces sièges il y avait pourtant, de temps à autre quelques accalmies entre les combattants ; la cour d'Espagne en profita pour régulariser ses relations politiques, commerciales et maritimes avec les sultans.

Elle envoya des ambassadeurs à Maroc et à Méquinez ; elle reçut aussi des émissaires à Madrid : c'est à la suite de ces entrevues réciproques, que furent conclus trois traités de 1767 à 1799.

Par date, ce sont :

1° *Le Traité de Paix et de Commerce, signé à Maroc, le 28 mai 1767 ;*

2° *La Convention d'Amitié et de Commerce, signée à Aranjuez le 30 mai 1790 ;*

3° *Le Traité de Paix, d'Amitié, de Navigation, de Commerce et de Pêche, signé à Méquinez le 1er mars 1799.*

Nous allons résumer la teneur de ces divers traités :

1. *Traité de Paix et de Commerce, signé à Maroc le 28 mai 1767.*

On y délimitait les Présides, on consentait à faire une nouvelle démarcation de leur superficie ; mais le sultan (Mouley-Mohammed), ne voulut pas les laisser agrandir.

En second lieu, on y régla l'organisation des Consulats : il devait y avoir un consul espagnol et des vice-consuls dans les ports, pour veiller aux intérêts de leurs nationaux. Ils avaient le droit de juridiction sur les Espagnols ; seuls ils pouvaient connaître des contestations les concernant, en matière civile, criminelle, commerciale ; ils devaient prendre soin des successions laissées par eux.

Ceux-ci avaient la liberté complète de se fixer au Maroc, et réciproquement, les marocains en Espagne : il y avait enfin liberté de commerce entre les deux nations.

En ce qui concernait la navigation, il fallait se munir de lettres de mer ; grâce à cette formalité, on pouvait naviguer librement entre les deux pays et séjourner dans leurs ports.

Avec une licence régulière, on pouvait pêcher partout, et de plus, le sultan accordait aux Espagnols et aux gens des Canaries, le droit exclusif de pêche, depuis Santa-Cruz jusqu'au nord du Maroc.

En cas de rupture de relations, il y avait un délai de six mois accordé aux nationaux de chaque pays, pour retourner chacun dans leur nation.

Mais il en fut de ce traité comme de tous, ou presque tous ceux que le Maroc a passés ; il n'en tint aucun compte.

Dès 1771 une armée du sultan, avec Mohammed-ben-Abdallah à sa tête, vint attaquer et bombarder Melilla. Le roi d'Espagne fit faire des représentations à Mouley-Mohammed, invoquant le traité de paix de 1767 et lui demandant pourquoi il lui faisait ainsi la guerre, sans raisons. Le sultan, de mauvaise foi, lui répondit qu'il était libre d'assiéger les places fortes espagnoles, car le traité en question ne concernait que la mer et non la terre.

L'Espagne communiqua à Mohammed-ben Abdallah le traité de 1767 ; celui-ci fut obligé de confesser son erreur et leva le siège de Melilla.

Mouley-Mohammed envoya alors un émissaire, Mohammed-ben-Otoman, à Madrid et le 30 mai 1780, on signa à Aranjuez une convention d'amitié et de commerce.

2. *Convention d'Amitié et de Commerce, signée à Aranjuez le 30 mai 1780.*

A vrai dire, ce n'est que la confirmation du traité de 1767 ; il y a à citer pourtant quelques améliorations au point de vue commercial.

Ainsi, on y accorde le droit de commerce, reconnu pour les Marocains à Alicante, Malaga, Barcelone et Cadix ; pour les Espagnols, à Tétouan, Tanger, Larache, Salé et Mogador.

Le traité de 1767 disait bien que le commerce était libre aux nationaux des deux pays, soit en Espagne, soit au Maroc ; mais il n'en avait été tenu aucun compte.

Cette Convention eut l'air, tout au moins, de délimiter les villes où ce commerce international pouvait avoir lieu et de donner ainsi un peu plus de sécurité aux négociants qui iraient s'y établir, si le mot sécurité peut être compatible avec celui de *Maroc*.

Enfin, un traitement de faveur fut accordé, pour les importations au Maroc des produits espagnols.

Après cette Convention, on doit citer un arrangement qui fut réglé en octobre 1789 entre les deux pays, d'après lequel on accordait aux espagnols le commerce exclusif à Casablanca et le droit d'exporter par ce port du bétail et du sel, sans payer de taxe.

Les relations entre les deux puissances semblent donc s'être améliorées, mais il faut toujours compter avec les Chérifs. En effet, en 1790 le sultan Mouley-Yesid déclara la guerre à l'Espagne sous un prétexte futile et vint mettre le siège devant Ceuta.

La place résista et il fut obligé de se retirer, mais les hostilités durèrent jusqu'en 1799.

Encore une fois, le Maroc consentit à faire un *arrangement ;* ce fut le :

3. *Traité de Paix, d'Amitié, de Navigation, de Commerce et de Pêche, signé à Méquinez le 1er mars 1799.*

Il n'y a rien à relater sur ce traité, qui n'est que la reproduction à peu près exacte de celui de 1767 et de la Convention de 1780.

Nous arrivons ainsi au dix-neuvième siècle ; pendant les quatre-vingts années qui nous séparent de la Conférence de Madrid, nous aurons à signaler tour à tour : l'occupation des *îles Zaffarines,* l'invasion du Maroc par l'armée espagnole, qui aboutit à la paix de Tétouan et au traité de Paix et de Commerce de 1861, la Convention de Tanger de 1866.

En 1848, les Espagnols occupèrent les *îles Zaffarines,* îlots déserts, qui se trouvent à l'embouchure de la Moulouïa, tout près des côtes de l'Algérie. La France n'avait pas cru devoir occuper ces rochers abrupts et laissa l'Espagne s'en emparer sans rien dire.

Invasion du Maroc par l'armée espagnole

En 1859, de nombreuses provocations avaient eu lieu de la part des Marocains ; l'Espagne pourtant faisait preuve d'une grande patience, mais un conflit sérieux s'éleva, voici comment :

Des indigènes de l'Anghema vinrent ravager les environs de Ceuta et renversèrent le drapeau espagnol.

On exigea des réparations ; mais les négociations qui furent engagées devenaient interminables par le mauvais vouloir du sultan. L'Espagne réunit alors 40.000 hommes au camp San Roque, près d'Algésiras, placés sous les ordres du maréchal O'Donnell : le débarquement eut lieu du 15 novembre au 12 Décembre 1858, devant Ceuta.

L'armée marcha sur Tétouan en suivant la côte, ce

qui lui permettait de rester toujours en communication avec l'Espagne. La route était difficile, de plus, le choléra se déclara dans l'armée et enleva 10,000 hommes à O'Donnell ; il continua quand même sa marche en avant, repoussant les Maures sans cesse.

Le 1er Janvier 1860, une bataille générale eut lieu dans la vallée de Castillejos ; enfin, le 14 on investit Tétouan : le 5 février, O'Donnell y faisait une entrée triomphale.

Pour donner une idée de la difficulté de la marche et de la résistance des Marocains, il faut faire remarquer que la distance entre Ceuta et Tétouan est d'environ dix lieues, et l'armée espagnole avait mis un mois pour la franchir.

Le 23 mars, les Espagnols battirent encore les Marocains dans la vallée de Gueldros ; O'Donnell marcha alors sur Tanger, mais il ne s'en empara pas, car il en fut empêché par des propositions pacifiques ; celles-ci aboutirent à la

Paix de Tétouan du 26 avril 1860

L'Espagne voulait garder Tétouan, prendre Tanger ; mais ici elle se trouva arrêtée par l'Angleterre. Celle-ci, pour rester maîtresse du détroit, soutint le sultan dans ses revendications, s'opposant formellement à ce qu'aucune puissance européenne occupât le littoral marocain.

Devant ce veto de l'Angleterre, l'Espagne fut obligée de s'incliner, et on finit la guerre par le

Traité de Paix et de Commerce, signé à Madrid le 30 octobre 1861, ratifié le 20 novembre 1861

L'Espagne eut la pleine souveraineté de tout le territoire compris depuis la mer jusqu'au ravin d'Andjera, en suivant les hauteurs de la sierra Bullones.

Elle obtint l'agrandissement du territoire de Ceuta, la délimitation de celui de Melilla, la rade d'Ifni, Santa Cruz de Mar Perqueña, sur l'Atlantique,

Enfin une indemnité de cent millions de pesetas garantie par le paiement des demi-droits de douane sur tous les ports de l'empire marocain.

Au point de vue commercial, il y avait liberté réciproque de commerce entre les deux pays ; les Espagnols pouvaient trafiquer sur tous les points de l'empire Chérifien où étaient admis les étrangers ; y acheter, vendre ce qu'ils voulaient, en gros et en détail.

L'Espagne jouissait des avantages commerciaux de la nation la plus favorisée ; le Maroc, de même chez elle.

Elle pouvait importer dans les ports marocains toutes sortes de marchandises, quelle qu'en soit la provenance, et en exporter librement les produits dont la sortie ne serait pas prohibée par le sultan.

Mais l'Espagne se vit par là obligée d'interrompre le cours de ses succès, d'abandonner Tétouan, de renoncer à Tanger ; elle se trouva déçue, mais elle avait été obligée de céder aux exigences de l'Angleterre. La Grande-Bretagne protégeait le sultan d'une façon si manifeste, que celui-ci ne pouvant pas payer l'indemnité fixée par le traité, on lui facilita un emprunt a Londres pour celà.

D'après le traité, comme nous avons vu, les sujets du sultan, comme les Espagnols, jouissaient d'une entière liberté commerciale dans l'empire pour y acheter et vendre tout ce dont l'introduction et l'exportation était autorisée ; dès lors, les autorités marocaines et espagnoles protégèrent leurs nationaux respectifs dans leurs droits, surtout ceux qui commerçaient avec Ceuta et Melilla ; ce qui fait qu'au bout de peu de temps, les indigènes des tribus voisines de ces deux villes prirent l'habitude de venir dans ces présides pour y vendre et acheter.

Voyant celà, le gouvernement Chérifien voulut faire installer une douane marocaine sur la limite du territoire de Melilla ; ce fut l'occasion d'une nouvelle entente entre les deux pays, la :

Convention de Tanger du 31 juillet 1866

D'après cette convention, on établissait une douane aux approches de Melilla, et la moitié de ses produits devait être attribuée, par paiements trimestriels, au Trésor espagnol.

Elle contenait aussi une clause au sujet de la navigation ; celle-ci, moyennant des papiers réguliers, était libre pour les navires des deux pays.

On arrive ainsi à la Conférence de Madrid.

Portugal

Les Portugais, dès le début du quinzième siècle, se virent obligés d'organiser une expédition pour se défaire des pirates marocains qui infestaient leurs côtes. *Jean Ier*, leur roi, en 1415, vint faire le siège de Ceuta ; il y arriva le 14 août et s'en empara le 21 ; il donna le gouvernement de cette place à Don Louis de Sousa.

Son fils, Don Edouard, résolut de s'emparer de Tanger en 1437 ; il chargea ses frères, Don Henri et Don Ferdinand de dirigèr l'expédition. Le siège de Tanger commença le 15 septembre 1437 ; mais bientôt les assiégeants furent eux-mêmes assiégés par le sultan de Fez et durent capituler. On leur permit de se réembarquer, seulement on garda Don Ferdinand comme ôtage jusqu'à l'exécution du traité alors conclu ; mais le Portugal ne tint pas parole et le prince mourut en esclavage en 1443.

En 1458, *Alphonse V*, surnommé l'*Africain*, avait promis au pape Calixte III de faire la guerre aux Turcs ; le Pape étant mort, il dirigea son expédition sur le Maroc, tachant de prendre Tanger, mais échoua (1463).

En 1471, il réussit à s'emparer d'Arzila, non loin de Tanger ; enfin de Tanger, la même année.

En 1487, *Jean II* fit ravager par une flotte le littoral d'Anafé.

En 1501, *Don Emmanuel* échoua dans une expédition contre Marfa-al-Quivir.

La Cour de Portugal désirait pourtant fonder des établissements du côté Ouest de l'Afrique, pour étendre son commerce.

N'ayant pas de ports sûrs pour abriter ses vaisseaux, le Portugal, qui avait déjà fondé Mazagan en 1500, fit construire en 1506 dans le fond de la baie de ce nom, la forteresse appelée Castillo-Real, à quelques lieues d'Azamore.

Cette place, très bien située, permit aux Portugais d'étendre leurs conquêtes, de se lier avec les Maures des provinces voisines. Ils surent profiter des passions qui divisaient les différentes tribus et purent porter leurs armes jusque sous les murs de Maroc.

En 1508, ils s'emparaient de Safi; le 29 août 1513 d'Azamore. A cette époque, ils avaient toute la partie occidentale de la Mauritanie Tingitane; avec des matériaux apportés tout préparés de Portugal, ils construisirent à l'embouchure de l'Oued-Tensift, la citadelle appelée encore aujourd'hui Soucïra-Quedime et firent à Fonti, près d'Agadir, des travaux de canalisation dignes de la grande époque Romaine.

Le Maroc est du reste encore plein de ruines que les indigènes appellent encore *Beni-ma-el-Portughise*, qui attestent la puissance qu'eurent les Portugais dans ces régions.

En 1514, ils pillèrent totalement les provinces voisines de leurs points d'attache et en 1515 ils ravagèrent les environs de Maroc, mais ils furent repoussés près de cette ville.

Don Emmanuel arma alors une grande flotte, qu'il envoya sous les ordres du comte de Linarès avec 8.000 hommes, pour occuper l'embouchure du Sebou et construire un fort à Mamore. L'expédition échoua, le comte de *Linarès* perdit la moitié de son effectif et se réembarqua.

Les Portugais, du reste, n'éprouvèrent depuis lors, guère que des revers : la découverte des Indes et du Brésil leur faisait oublier le Maroc.

En 1578, leur roi, *Don Sébastien*, âgé de vingt ans seulement, fut tué dans la plaine de Tamiffa et ses troupes furent presque complètement anéanties. N'ayant pas d'héritiers directs, la couronne de Portugal passa au roi d'Espagne Philippe II ; (confusion qui dura jusqu'en 1640 où le Portugal nomma roi, Jean IV duc de Bragance).

En 1640, lors de la division des deux royaumes, comme nous venons de le voir, Ceuta resta au pouvoir de l'Espagne ; en 1641 on abandonna Safi, après avoir emporté l'artillerie et miné les fortifications ; on en fit de même pour Azamore.

En 1662, Tanger fut donné à Charles II d'Angleterre, pour dot de la princesse Catherine de Portugal ; enfin Mazagan fut abandonné en 1769.

Les conquêtes du Portugal au Maroc, ne furent que coûteuses pour lui et n'eurent aucun résultat, puisqu'il fut obligé de les abandonner. Elles n'eurent qu'un éclat passager, au temps où quelques chefs Maures, divisés entre eux, avaient besoin d'un secours étranger pour favoriser leur ambition ou leur indépendance.

Dès que les chefs Maures eurent été soumis, au cours du seizième siècle par les Chérifs ; les Portugais, isolés, s'aperçurent du poids de leurs conquêtes et ne pouvant plus le soutenir qu'à grands frais, ils se virent forcés de les abandonner dans le siècle suivant.

France

C'est au seizième siècle seulement, que la France commença à entrer en relations avec l'empire marocain. Les Dieppois, dès le quatorzième siècle, avaient bien eu quelques relations commerciales avec les tribus de la côte marocaine de l'Atlantique; mais ceci avait une trop petite importance pour que ce soit considéré comme le début de notre influence au Maroc.

Les Valois voulurent renouer les relations des Dieppois, interrompues par le monopole des Portugais. En 1533, le sultan de Fez accordait à *Henri II*, roi de France, la libre navigation sur les côtes de ses états.

Notre commerce et notre influence politique cherchèrent à s'étendre et à s'assurer le monopole dans tous les ports barbaresques, sous Henri II et François II; mais les guerres de religion empêchèrent de profiter des bonnes dispositions des Chérifs.

Henri III, en 1577, avait bien établi un consul de France au Maroc (Guillaume Bérard, un Marseillais); mais, malgré celà, les corsaires de Salé et de Tétouan ne cessaient de piller et de capturer nos navires.

Isaac de Razilly, en 1619, entreprit d'améliorer nos relations politiques et commerciales avec le Maroc; il voulait reprendre les ports atlantiques que venaient d'abandonner les Portugais.

Entre autres, Mogador, que l'on essaya d'occuper en 1629 ; l'expédition échoua.

Enfin, après de longues péripéties, en 1631, on signa deux traités ; ceux du :

17 septembre 1631 à Merrakech,

24 septembre 1631 à Safi.

Ces deux traités accordaient la liberté du commerce à la France, la tolérance religieuse, autorisaient l'établissement de consuls Français au Maroc ; et surtout avaient pour objet principal, la libération des captifs et la promesse pour l'avenir, de ne plus faire de nouveaux prisonniers.

L'empereur du Maroc se trouvait d'ailleurs, dans une telle incapacité de faire respecter ces traités, qu'il en fut pour eux comme pour tous les précédents ; comme pour un autre conclu *le 18 juillet 1635*, confirmant les deux de 1631 : les pirates continuèrent à piller nos navires, à capturer les équipages et les passagers.

Pourtant, menacé par l'espagnol et l'anglais sur la côte de la Méditerranée, par le turc sur la frontière algérienne, le marocain depuis le début du dix-septième siècle, ne demandait qu'à entrer avec nous dans une alliance complète.

Voyant que nos traités n'étaient pas respectés, *Louis XIV* envoya, en 1680, Château-Renaud avec six navires sur les côtes barbaresques. Celui-ci fit le blocus des ports marocains et bombarda les refuges des pirates.

A la suite de cette démonstration navale, le sultan, Mouley-Ismaël, ne voulant pas détruire malgré tout la soi-disant bonne amitié qui régnait entre Fez et Versailles, envoya au roi de France, en décembre 1681, un ambassadeur. Celui-ci signa le

Traité de Commerce de Saint-Germain-en-Laye du 29 juillet 1682

De plus, l'envoyé de Mouley-Ismaël demanda pour son maître, la main de Mlle de Blois, princesse de Conti, fille de Louis XIV et de Mlle de La Vallière.

Mais le roi et sa cour ne prirent pas la demande au sérieux et même s'en moquèrent. Ce fut un tort, car il y avait là pour la France un moyen de se lier par un traité définitif avec le Maroc et de se créer dans ce pays des relations sûres et durables.

Le roi de France envoya M. de Saint-Amand à Fez, la même année, et le traité de Saint-Germain-en-Laye fut ratifié par le sultan, le

13 décembre 1682

Ce traité, entre autres clauses, portait que Mouley-Ismaël autorisait le rachat des captifs français moyennant 300 livres pour chacun ; il garantissait la liberté de naviguer et de trafiquer à nos nationaux sous la protection des consuls.

Tous ces traités, comme on le voit, avaient pour clause principale la liberté de navigation et le rachat des captifs ; mais nous savons déjà qu'ils étaient rompus aussitôt que conclus, ou pour mieux dire, qu'on n'en tenait aucun compte.

Malgré tout, notre influence continuait à prédominer

au Maroc : en 1693, le sultan désirant notre aide contre les Espagnols, tenta de conclure avec nous un nouveau traité, mais il échoua et alors les méfaits des pirates redoublèrent.

En 1699, eut lieu une trève et de nouvelles négociations furent entreprises, en vue d'un traité qui n'aboutit pas non plus.

On arriva ainsi en 1713, la France gardant une prédominance auprès du sultan de Fez sur les autres puissances.

Après le traité d'Utrecht, tout changea ; c'était pour nous une renonciation à l'Atlantique méridional, à la route des Indes, abandonnée à l'Angleterre. L'étape marocaine devint inutile pour nous et le dernier de nos consuls évacua le Maroc en 1718 ; jusqu'en 1767 l'influence anglaise prédomina.

Pourtant *Louis XV*, fatigué par les incursions des pirates marocains sur les côtes de France, se décida à envoyer en 1765 une flotte sur la côte occidentale de l'empire Chérifien.

Elle était composée d'un vaisseau, huit frégates, trois chébecs, une barque et deux bombardes.

Les bombardes tirèrent sur Rabat et Salé ; l'escadre fut, de là, à Larache où elle fit échouer un corsaire sur la côte ; enfin les chaloupes entrèrent dans la rivière de Larache et y brûlèrent un armement.

A la suite de cette expédition, des préliminaires de paix furent entamés ; grâce à l'entremise d'un sieur

Jean-Jacques Salva, négociant français à Safi, on les arrêta à la fin de 1766.

Au mois de mai 1767, le comte de Breugnon, capitaine de haut-bord, nommé ambassadeur pour la conclusion de la paix, vint à Safi à la tête d'une escadre et négocia la paix ; ce fut le

Traité de Paix et d'Amitié signé à Maroc le 28 mai 1767

Tout d'abord, la liberté de circulation et de commerce y est accordée à tous les Français, tant sur terre que sur mer, au Maroc; réciproquement les sujets du sultan auront les mêmes avantages en France.

A propos de la navigation, il y est dit :

1° Que les navires marocains ne pourront inquiéter, ni arrêter les vaisseaux marchands de la France qui auront leurs patentes nettes de l'amirauté (c'est-à-dire leurs passe-ports en règle) ; réciproquement les Français ne pourraient pas inquiéter, ni arrêter les navires marocains ayant leur certificat du consul de France au Maroc ;

2° Que les navires des deux pays auront libre accès dans les ports du Maroc et de la France, pourront s'y ravitailler, y trafiquer à leur gré, ne paieront pas de droits de sortie pour les marchandises qu'ils n'auraient pas vendues.

3° Que si un navire français poursuivi par les gens d'Alger, de Tunis, ou de Tripoli, vient à se réfugier dans un port Marocain ; le gouverneur de ce port devra le garantir et faire éloigner l'ennemi, ou retenir celui-ci un temps suffisant pour que le vaisseau puisse lui-même s'éloigner.

4° Que si un bâtiment ennemi de la France vient à déposer à terre des prisonniers français dans un port du Maroc, ils seront mis en liberté de suite, et ôtés du pouvoir de l'ennemi ; (réciproquement pour les prisonniers marocains déposés en France).

5° Que si un navire ennemi de la France amène des prises françaises au Maroc, ou réciproquement un ennemi du Maroc en France ; les uns et les autres ne pourront vendre leurs prises dans les deux empires, et les passagers seront, de part et d'autre, respectés.

6° Que le Maroc s'engage, en cas de rupture entre la France et elles, à ne pas prêter aide et assistance aux régences d'Alger, de Tunis et de Tripoli.

Quant à la seconde partie du traité ; on y trouve formulées les règles de la juridiction consulaire au Maroc, que nous avons analysées dans la première section de ce chapitre, à propos des Capitulations et de la fonction juridique consulaire.

Notre influence reprit alors au Maroc jusqu'en 1815 ; après Waterloo, les Anglais vinrent de nouveau nous supplanter.

Il faudrait pourtant noter *le Pacte de Vuargua*, conclu *le 17 mai 1824* par le consul Sourdeau et les *Traités des 28 et 31 mai 1825.*

Dans ces traités on ne fait que reproduire les engagements de 1767 ; on y développe les promesses réciproques des souverains, les droits de notre commerce et de notre marine sur les côtes du Maroc.

Dans celui du 31 mai 1825, on ajoute que la France sera « la nation la mieux accueillie et la plus favorisée. »

Après la conquête d'Alger, pendant quatorze ans, le Chérif hésite à notre égard, entre l'hostilité, et l'alliance déclarée ; mais en 1844, des cavaliers marocains attaquent au bivouac de Sidi-Amiz, le général de Lamoricière, qui est obligé de regagner Oudjda.

M. Guizot envoie un ultimatum au sultan et, pour l'appuyer, le prince de Joinville, à la tête de huit navires, se dirige sur le Maroc.

D'autre part, le maréchal Bugeaud, gouverneur de l'Algérie depuis le mois de février 1840, débarque le 5 juin 1844 à Mers-el-Kebir, venant de Dellys et amenant des renforts au général de Lamoricière.

On entame des pourparlers avec les marocains, mais il fut impossible de s'entendre ; stimulés par Abd-el-Kader, ils réclamaient la frontière de la Tafna.

Le prince de Joinville bombarde alors le 6 août Tanger, puis Mogador : de son côté, le maréchal Bugeaud le 14 août attaque le camp marocain situé sur la rive droite de l'*Isly* et met en complète déroute les troupes d'Abd-er-Rahman qui l'occupaient.

Après cette victoire, le sultan se décida à traiter avec nous ; en conclut alors la :

Paix de Tanger du 10 septembre 1844.

Dans ce traité de paix, on promettait de licencier les

troupes marocaines, de châtier les agresseurs du général de Lamoricière, de ne prêter aucun appui aux ennemis de la France (il s'agissait là surtout d'Abd-el-Kader, qui devait être mis hors la loi et expulsé du Maroc). Enfin, on promettait de faire délimiter les deux frontières ultérieurement, par une commission mixte franco-marocaine.

Nos troupes évacuèrent l'île de Mogador et Oudjda et on attendit la délimitation de la frontière.

Celle-ci fut opérée en 1845, par le comte de la Rüe d'une part et Ahmita-ben-Ali de l'autre ; elle fit l'objet du :

Traité de Lalla-Maghnia du 18 mars 1845

Mais ici nous eûmes un tort ; au lieu de conserver comme frontière celle de la Moulouïa, nous acceptâmes une délimitation bizarre, non définie même sur certains points et absolument contraire aux frontières naturelles entre le Maroc et l'Algérie, qui devraient suivre la Moulouïa, et l'Oued-Za.

On divisa les territoires en trois zônes, dont la première prend pour ligne de séparation l'Oued-Adjeroud et la troisième aboutit au sud de l'oasis de Figuig, c'est-à-dire en plein désert.

Outre une indication des plus vagues des points où passait cette ligne de démarcation, on oubliait que cette fameuse frontière idéale, allait amener des difficultés continuelles.

En effet, elle traversait quantité de territoires appartenant à des tribus indépendantes, pour la plupart, qu'il allait être bien difficile, sinon impossible d'attribuer à un pays plutôt qu'à l'autre.

Comment pouvoir parler de ligne frontière, à des gens qui ne peuvent même pas se faire une idée exacte de ce que celà peut-être, habitués à vivre isolément, plantant leurs tentes de-ci de-là, selon leur plaisir et leur bon vouloir ?

« — Dans ce pays, en effet, dit M. de la Martinière (1), chaque tribu a son territoire, où, depuis des siècles, elle vit à l'état nomade ; elle a ses parcours définis, ses points d'eau consacrés, en un mot son domaine pastoral toujours respecté en temps normal par les voisins. Mais les confins de ces terres de parcours ne sont, eux, nullement définis ; ce sont là des causes incessantes de luttes pour la possession, c'est le *blad-el-baroud* (pays de la poudre), comme l'appellent les indigènes. »

Le traité nous donnait cependant un droit de suite : ceci dérive de son article 7 combiné à son article 4, où il est dit :

« Les deux souverains exerceront de la manière qu'ils l'entendront toute la plénitude de leurs droits sur leurs sujets respectifs dans le Sahara. Et toutefois, si l'un des deux souverains avait à procéder contre ses sujets, au moment où ces derniers seraient mêlés à ceux de l'autre état, il procèdera comme il l'entendra sur les siens,

(1) *Revue des Deux-Mondes* 1897.

mais il s'abstiendra envers les sujets de l'autre gouvernement. »

D'après celà, la France pouvait poursuivre sur le territoire Marocain, les tribus qui relevaient de son autorité, et ne voulaient pas lui obéir : elle eût du reste plusieurs fois à user de ce droit et le Maroc le reconnut lui-même.

La lutte contre Abd-el-Kader, qui avait reparu sur le territoire algérien après le traité de 1845, dura jusqu'en 1847.

Abd-er-Rahman, hésitant jusque-là, modifia subitement son attitude envers la France et jugea prudent d'exécuter ses promesses.

Il organisa une expédition et s'avança sur la rive gauche de la Moulouïa, où se trouvait Abd-el-Kader avec quelques milliers d'hommes, il lui livra combat et le battit.

Ce dernier traversa la Moulouïa, alla vers le sud où il se heurta au col de Kerbous à une colonne française, et enfin, le 23 décembre 1847, se rendit à de Lamoricière.

Jusqu'en 1880 nous avons peu de choses à relater ; en 1852 les Beni-Snassen pillent et tuent des moissonneurs arabes près de Lalla-Maghnia ; en 1859 ils attaquent un détachement de cavalerie dans ces mêmes parages, etc., sans compter les agressions particulières, les vols à main armée, qui se répètent d'une façon incessante.

En 1863, la France conclut un règlement relatif à la protection à Tanger ; nous n'analyserons pas ici ce traité, car nous aurons à l'étudier lorsque nous parlerons des influences internationales, vers la fin de ce chapitre.

Sous le second empire, les relations du Maroc avec la France furent assez satisfaisantes ; après 1870, à l'instigation de l'Angleterre et de l'Espagne, le ministre des affaires étrangères du sultan, Si-Mohammed-Bargach, réclama une réglementation plus restrictive des droits des censaux et des protégés exceptionnels ; mais on n'y donna pas suite.

Nous n'avons pas autre chose à relever jusqu'à la Conférence de Madrid.

Angleterre

L'Angleterre, de longue date, avait les yeux fixés sur le Maroc, où son attention avait été attirée par les conquêtes Portugaises. Dès 1577, *la reine Elisabeth* envoya un ambassadenr extraordinaire, sir Edmond Hogan, auprès du sultan, *Muley-Abd-el-Melik*, pour nouer des relations avec lui.

Après la défaite du jeune roi don Sébastien, en 1578 et le départ successif des portugais de la côte marocaine, l'Angleterre vit tout le parti à prendre de cette retraite.

En 1585 Elisabeth, poursuivant sa politique, fit fonder à Londres « la Compagnie des marchands de Barbarie », pour aller commercer au Maroc.

Les plus grands seigneurs du royaume faisaient partie de cette compagnie, à la tête de laquelle se trouvait le duc de Leicester.

Ce fut le début de l'établissement des intérêts commerciaux des anglais dans l'empire Chérifien.

En 1649 le sultan *Mouley-Zidan* envoya une ambassade à *Charles I*, pour le prier de faire attaquer et détruire Salé, par une de ses flottes.

Tanger, qui était au Portugal depuis 1471 passa à l'Angleterre, comme nous l'avons vu, en 1662, à l'occasion du mariage de Catherine de Bragance avec Charles II.

Vingt ans après, Mouley-Ismaël envoyait encore une ambassade à Londres, en signe d'amitié.

Mais les querelles religieuses qui régnèrent dès lors en Angleterre, affaiblirent la grandeur nationale ; on décida l'évacuation de Tanger et le 7 mars 1684, le *Grafton* quittait ce port, en ramenant en Angleterre le reste de la garnison qu'elle y entretenait depuis vingt-deux ans.

Les Anglais, du reste, après le traité d'Utrecht (1713), furent maîtres de Gibraltar, qui remplaça Tanger. Mais les voyants ainsi installés sur l'autre rive du détroit, le sultan de Fez comprit que leur amitié lui serait très utile et ceci à bon marché, puisqu'ils avaient quitté le sol africain.

L'Anglais, en effet, pouvait devenir un ami sûr et proche pour le Maroc que le Turc inquiétait en Algérie et que l'Espagnol avec ses Présides menaçait constamment.

Il y eut donc une continuation de relations de bonne amitié entre les sultans et l'Angleterre ; d'autant plus que celle-ci avait en ce moment-là l'empire des mers.

Mais dans la seconde partie du dix-huitième siècle, avec la renaissance de la marine française, Choiseul fit faire en 1766 une démonstration contre Rabat et Larache ; l'Angleterre, qui subissait en ce moment-là des échecs un peu partout, vit son influence baisser, surtout après le traité franco-marocain de 1767 et fut remplacé par nous auprès du sultan de Fez.

Après Waterloo, son influence reprit ; quoique notre amitié semblât encore utile aux sultans ; elle dirigea toute la politique extérieure du Maghzen, son plan était tout tracé et elle le suivit jusqu'au bout : « Il ne fallait pas que le Maroc tombe aux mains d'une puissance européenne. »

C'était la politique de lord Palmerston, ce fut la doctrine de tous ses successeurs ; elle fut, du reste, admirablement bien appuyée par deux diplomates célèbres au Maroc ; *Sir Jean Henry Drummond Hay*, et son fils, *Sir John Drummond Hay*, qui fut ministre d'Angleterre à Tanger pendant plus de trente ans.

C'est ainsi qu'en 1844, après l'Isly, l'intervention énergique de l'Angleterre fit qu'au traité de Tanger, ni la terre, ni la bourse marocaine, ne firent les frais de la campagne.

En 1856, le 9 décembre, sir John Drummond Hay passa un traité de commerce avec le sultan.

En 1861, après la campagne espagnole, lors du traité de Madrid (30 octobre), l'Angleterre s'interposa encore ; elle défendit à l'Espagne de prendre Tanger et Tétouan, et alla même jusqu'à prêter 426,000 livres sterling au au sultan, pour lui permettre d'acquitter les acomptes sur les cent millions de pesetas qu'il devait, à la suite de ce traité ; se réservant pour celà 50 pour cent sur les droits de douane des ports marocains, afin d'assurer son remboursement. Un commissaire de la reine était chargé de la perception de ces demi-droits; l'autre moitié, comme nous l'avons déjà vu, étant accordée à l'Espagne, pour lui garantir le paiement de l'indemnité convenue.

L'Angleterre agissait encore ainsi, pour ne pas qu'une autre nation qu'elle puisse devenir maîtresse du détroit.

Tous les cabinets qui se succédèrent, soutinrent cette politique, et sir John Drummond Hay s'était fait le confident du sultan Sidi Mohammed, père de Mouley-Hassan, afin de ne pas laisser aller en d'autres mains cette influence qu'il tenait à conserver pour son pays.

Ce n'étaient pas seulement les hommes d'Etat anglais, qui voulaient empêcher le Maroc de tomber aux mains d'une puissance européenne ; Nelson avait dit lui-même : *Tanger doit rester entre les mains d'une puissance neutre, telle que le Maroc, ou il doit appartenir à l'Angleterre.*

Cette politique fut toujours soutenue, développée, par tous les amiraux, généraux, d'Outre-Manche ; ainsi que par la *Navy League.*

Aussi les officiers anglais présidaient-ils à la réorganisation de l'armée marocaine et instruisaient son infanterie. Les négociants anglais devenaient les fournisseurs attitrés de la cour Chérifienne; en flattant les goûts du sultan, ou en faisant des cadeaux à ses ministres, ils obtenaient ainsi les commandes les plus importantes et les marchés les plus avantageux.

Nous arrivons alors à 1870 ; l'Angleterre règne toujours

à Fez, mais maintenant elle va trouver devant elle un nouveau concurrent :

L'Allemagne

Dès 1872, les Allemands entreprennent des explorations scientifiques, en vue, disent-ils, d'un établissement pacifique au Maroc. Au fond, c'est pour lutter contre l'influence anglaise : *Rohlfs, Jannasch, Lenz,* vantent dans leur pays les ressources, la richesse du Maghreb et l'internationalisation de l'empire des Chérifs apparaît à Berlin comme la politique la plus commode et la plus efficace à suivre.

On prépare ainsi la conférence de 1880 ; mais cette campagne politique est tout ce que l'on peut relever jusque-là comme rapports entre l'Allemagne et le Maroc.

Dannemark

Le Dannemark conclut un premier traité le 18 juin 1753 avec Mouley-Mohammed, mais il ne fut pas exécuté, alors il entama des négociations en 1755 avec le même sultan et fit construire un fort à Sainte-Croix pour protéger un comptoir qu'il allait installer ; mais l'empereur offensé fit arrêter l'ambassadeur danois et sa suite. Ceci venait d'un malentendu causé par un juif qui, interprète des négociations, avait assuré aux danois que le sultan les autorisait à s'installer à Sainte-Croix.

Ce malentendu se dissipa et un nouveau traité de paix fut concln en 1757.

On fonda alors au Danemark la compagnie royale d'Afrique, qui payait par an 50.000 piastres fortes au

Maroc pour la concession exclusive du commerce des côtes pour dix ans par les ports de Salé et de Safi, où elle fonda deux établissements.

Mais cette compagnie ne fit pas de bonnes affaires ; l'établissement des ports de Mogador et de Larache nuisit énormément au commerce de Salé et de Safi ; ses affaires devinrent passives.

De son côté, le Danemark ne produisait rien qui put satisfaire les goûts et les besoins des Marocains et enfin ces derniers ne pouvaient trouver aucun débouché dans le pays danois, pour leurs produits ; la compagnie, devenant par force tributaire des autres nations, liquida dès l'avènement de Christian VII au trône, en 1766, et elle fut supprimée l'année suivante.

Le gouvernement Danois tint alors à se libérer des annuités de 50.000 piastres fortes que la compagnie payait au sultan pour redevance d'un commerce qu'elle ne faisait plus ; le gouvernement Chérifien refusa et ne consentit à laisser la navigation libre aux navires danois, que moyennant un tribut annuel de 25.000 piastres

Nous venons d'étudier ainsi, en prenant séparément l'Espagne, le Portugal, la France, l'Angleterre et le Danemark (l'Allemagne, en effet, n'a été citée qu'incidemment à propos de l'Angleterre), les diverses nations qui, jusqu'en 1880, ont eu successivement des relations politiques et économiques avec le Maroc.

Avant de terminer cette section de notre mémoire, il ne nous reste plus qu'à dire quelques mots de divers traités que certaines nations passèrent avec les Chérifs.

On pourra remarquer que presque tous les pactes de paix ou d'amitié que nous allons citer, ont été signés, non dans l'intérêt du commerce des pays qui les ont consentis, mais pour assurer à leurs navires une liberté de passage relative, le long des côtes marocaines.

La Suède

Le 14 mai 1763, fit la paix avec Mouley Mohammed, lui envoya des présents (canons, bois de construction, mâtures, etc...) et lui promit une redevance annuelle de 20.000 piastres fortes.

La République de Venise

En 1765, conclut aussi la paix avec le même sultan, moyennant 100.000 piastres fortes de redevance, qu'elle augmenta de 20.000 en 1781.

La Toscane

En 1782.

L'Autriche

En 1783, et le 18 mai 1858 conclurent des pactes semblables.

La Hollande

Avait signé un traité, dès 1732, avec Mouley-Abdallah, renouvelé par Sidi-Mohammed ; mais pour elle, il y avait plus que la navigation à assurer, il fallait obtenir la neutralité du Maroc pendant la guerre de 1755 et de plus, elle avait un commerce important avec les côtes marocaines.

Il ne nous reste plus qu'à relater un traité de commerce qui fut passé *à Tanger le 4 janvier 1862* entre Sidi-Mohammed et la *Belgique*.

SECTION III

Les Influences internationales

PARAGRAPHE PREMIER

La Convention de Tanger du 19 août 1863

Elle fut bien conclue entre la France seule et le Maroc, mais comme après sa signature, en 1865, la *Belgique*, la *Sardaigne*, la *Grande-Bretagne* et la *Suède* y adhérèrent, c'est à cette place et non dans le paragraphe relatif aux influences françaises que nous allons l'analyser, car elle rentre, du fait de ces adhésions, dans le cadre des relations internationales du Maroc.

Elle règle surtout *la Protection* à Tanger : la protection est le fait pour une maison de commerce, ou un agent consulaire européen, d'avoir à son service des indigènes marocains, qui dès lors échappent à la juridiction de leur pays et ne relèvent plus que de celle du consul ou vice-consul, de la nation au service de laquelle ils sont employés.

Entre autres choses, il est dit dans cette convention : Que la protection est individuellement temporaire et ne peut s'appliquer qu'à la famille du protégé (sa femme, ses enfants, demeurant sous le même toit) ; elle ne peut pas être héréditaire.

Il y a deux catégories de protégés : 1° les indigènes employés par la Légation et par les différentes autorités consulaires ; 2° les facteurs, courtiers ou agents indigènes, employés par les négociants français pour leurs affaires de commerce, à raison pour ces courtiers indigènes de deux par maison.

Nous ne rentrons pas ici dans de grands détails au sujet de cette convention, car ultérieurement nous aurons à étudier la protection d'une façon plus précise, à propos de la conférence de Madrid de 1880, qui est après et mieux encore que le règlement de 1863, le vrai code de protection au Maroc.

Comme nous l'avons dit, peu après, en 1865, certaines nations adhérèrent à cette convention ; par la suite tous les pays représentés diplomatiquement au Maroc, bénéficièrent de ces mêmes privilèges.

PARAGRAPHE II

La Convention de Tanger du 31 mai 1865

Elle fut signée en vue de l'érection d'un phare international, au Cap Spartel, à 12 kilomètres environ à l'Ouest de Tanger.

Le Maroc, en effet, n'ayant pas de marine de guerre ou de commerce, peu lui importait d'éclairer ses côtes. Celles-ci pourtant, surtout au Sud de Gibraltar sont très dangereuses et remplies de récifs ; enfin la navigation à leur approche y est des plus actives, soit pour l'entrée en Méditerranée des navires venant d'Amérique ou des côtes africaines, soit au contraire, pour le passage de ceux qui se rendent des différents ports méditerranéens dans ces mêmes pays, ou sur les côtes de l'Europe occidentale.

Il était donc nécessaire d'éclairer les abords de ces parages inhospitaliers et dangereux ; or, bien entendu, il ne fallait pas compter sur le Maroc pour celà.

La France, l'Autriche, la Belgique, l'Espagne, les Etats-Unis, la Grande-Bretagne, l'Italie, les Pays-Bas, le Portugal, la Suède, signèrent cette convention le 31 mai 1865.

Il y fut convenu que le phare serait élevé par ces diverses puissances et administré par elles, mais cette délégation ne porterait aucune atteinte aux droits de propriété et de souveraineté du sultan dont le pavillon serait seul arboré sur la tour du phare.

Les dépenses d'entretien et d'administration seraient supportées par les nations contractantes, par parts de contributions égales ; mais les frais de réparation et de reconstruction devraient être à la charge du sultan.

La fin de la Convention ajoutait que si le sultan venait un jour à posséder une marine marchande ou militaire, il s'engageait à contribuer alors pour sa part, aux dépenses d'entretien du phare.

Toutes les parties contractantes devaient respecter la neutralité du phare et continuer le paiement de leur contribution, même en cas de guerre avec le Maroc, ou entre elles.

PARAGRAPHE III

Le Conseil Sanitaire

Le corps consulaire s'occupa, vers la fin du dix-huitième siècle, des questions sanitaires maritimes du Maroc. Il refusait l'entrée des ports marocains aux navires appartenant à une des nations qu'il représentait et qui avaient à leur bord des malades suspects ; de même, il refusait l'accès de la côte aux navires rapatriant les pèlerins retour de la Mecque.

Les sultans ne dirent rien, ces mesures de prudence leur paraissant raisonnables. Une fois pourtant, en 1818, le corps consulaire voulant refuser l'entrée du port de Larache à un navire qui avait à son bord des pèlerins venant d'Alexandrie, où régnait la peste, le gouvernement Chérifien s'interposa et exigea le débarquement. La maladie sévit alors au Maroc et les autorités, désormais, laissèrent faire les représentants des puissances à leur guise.

Mouley-Abd-er-Rahman, en 1840, constitua les agents des nations européennes, en un *Conseil sanitaire*, et reconnut qu'ils seraient : « *Chargés de la mission de veiller au maintien de la salubrité publique sur le littoral de l'empire et de faire tous les règlements et prendre toutes les mesures pour atteindre ce but.* »

Mouley-Hassan, en 1878, confirma cette délégation au corps consulaire.

Après le choléra de 1865, on désigna, l'année suivante, l'île de Mogador comme point de débarquement des pèlerins dont l'état de santé serait suspect ; on y éleva même un lazaret. Mais en 1897, le gouvernement Chérifien y fit établir une prison : le Conseil sanitaire demanda alors la destruction de ce bâtiment et réclama, pour l'usage du lazaret, le terrain entier de l'île.

Il y eut discussion et l'affaire menaçait de traîner indéfiniment en longueur, lorsque le Conseil sanitaire, en 1898, décida de refuser l'accès du Maroc à tout bateau ramenant des pèlerins. Il essaya même de rendre leur retour impossible, en défendant aux Compagnies de navigation des pays représentés par lui, d'aller les chercher sur les côtes de l'Arabie. Cette mesure fut vaine, car les pèlerins se firent rapatrier par des navires turcs, cette puissance n'ayant pas signé avec les autres les conclusions de la Conférence sanitaire de Venise et restant ainsi en dehors de cette interdiction.

Après de longs pourparlers, en juin 1900, le Maroc céda, et l'île de Mogador resta en entier destinée aux pèlerins de la Mecque.

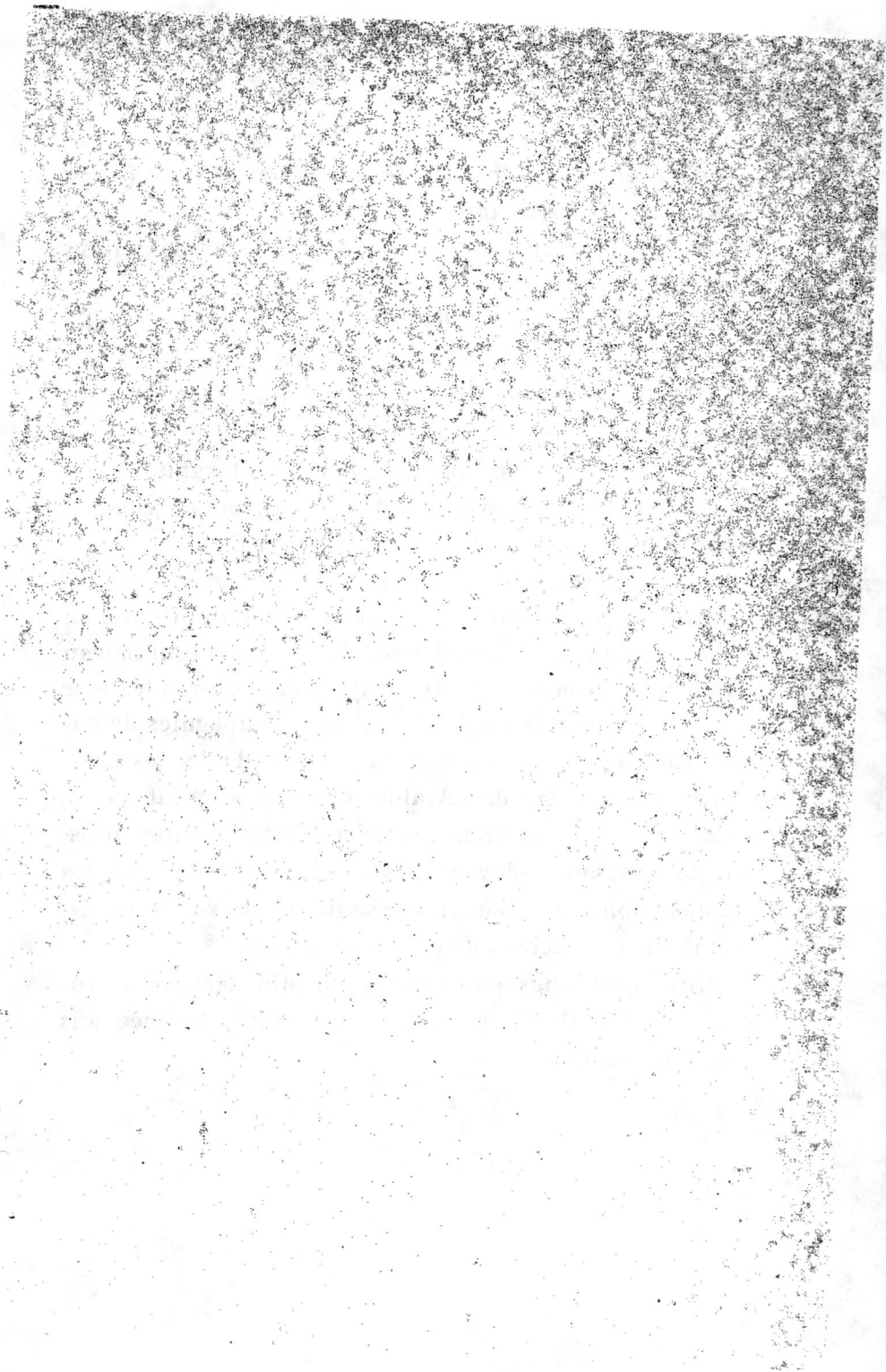

CHAPITRE II

La Conférence de Madrid du 3 juillet 1880

PARAGRAPHE PREMIER. — **Comment fut amenée la Conférence.**

PARAGRAPHE II. — **Analyse de la Conférence.**

A). *La Protection au Maroc.*

B). *Le Droit de propriété.*

C). *La Naturalisation.*

D). *La Liberté de Commerce.*

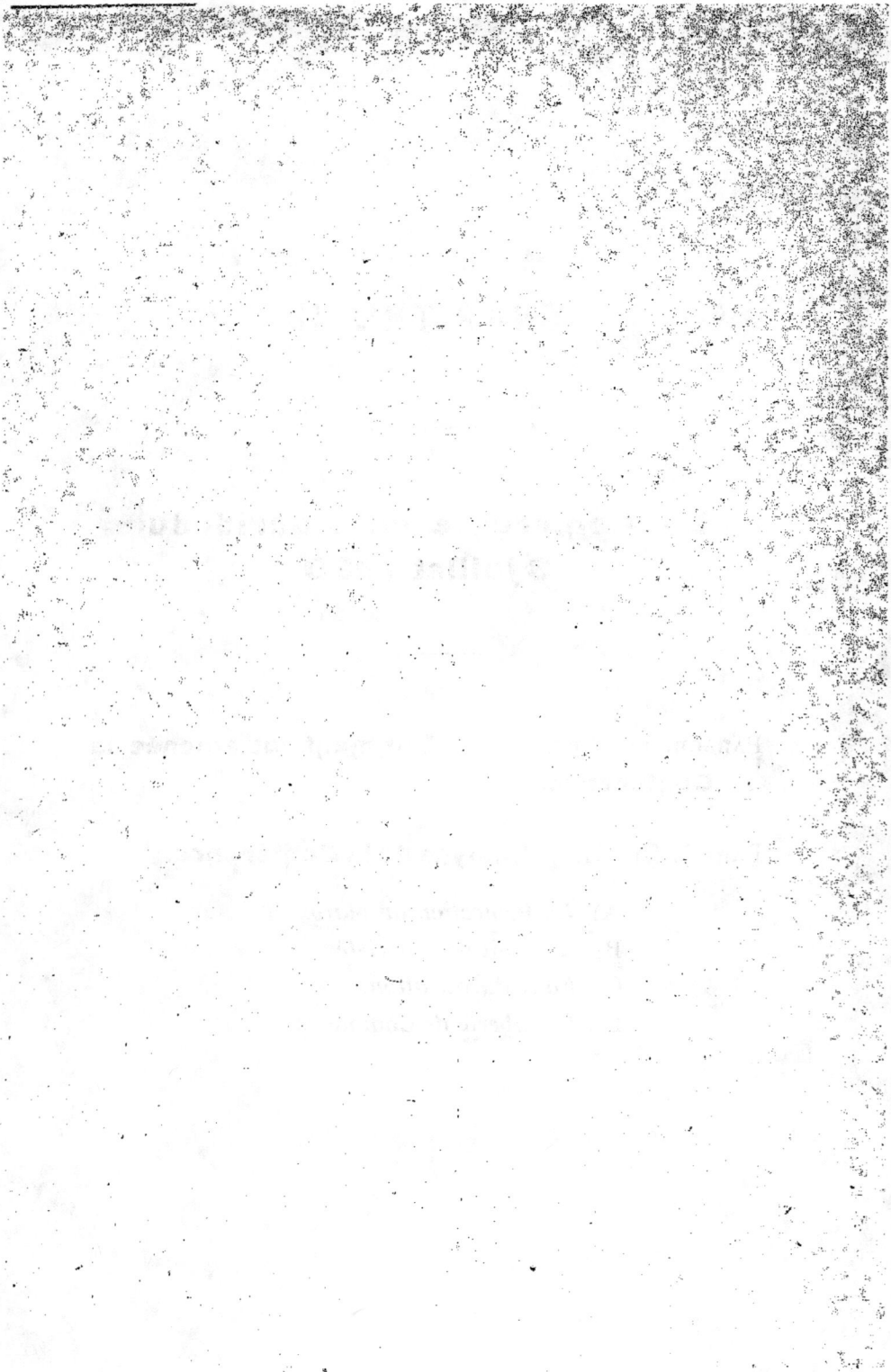

CHAPITRE II

La Conférence de Madrid du 3 juillet 1880

Paragraphe Premier. — Comment fut amenée la Conférence ?

On peut ainsi répondre à cette question : Par le besoin de règlementer la protection au Maroc qui devenait, de la part des puissances européennes, une source d'abus à l'égard d'une certaine catégorie de protégés : *les Censaux*.

Ceci demande une explication :

L'Europe ne peut pas pénétrer dans l'intérieur du Maroc, sauf dans de rares villes ; elle aurait été obligée par conséquent, de limiter exclusivement son commerce aux différents ports de la côte marocaine où elle a établi des comptoirs. Mais elle a profité alors du régime de protection que lui ont créé les capitulations obtenues des Chérifs, pour étendre son négoce dans l'intérieur de cet empire inhospitalier.

Les maisons de commerce ont pris sous leur protection des indigènes, rattachés à elles par un lien plus ou moins sérieux ; ces protégés appelés *censaux*, vont pour elles dans l'intérieur du Maghreb, où ils s'occupent des échanges, des transactions; leur permettant ainsi de traiter des affaires auprès des tribus, dans des villages, des villes, avec lesquelles, autrement, le commerce leur serait interdit.

Il y a deux sortes de protection ; d'abord la pleine protection : celle-ci entraîne la juridiction du consulat étranger dont relève la maison de commerce qui emploie le protégé, *le censal*; ensuite la protection partielle, d'après laquelle son titulaire appelé *Mukhalat* ne doit être ni arrêté, ni frappé, ni voir sa propriété saisie, sans une notification de l'agent consulaire le plus proche, qui a alors le droit d'assister à son jugement; ce sont les fermiers et les ouvriers agricoles des européens, à qui s'applique en général cette protection partielle.

Mais voici d'où viennent les abus dont nous parlions plus haut.

Grand nombre d'indigènes venaient se mettre sous cette demi-protection, sous le Mukhalat; ceci pour éviter la justice marocaine, en partie, c'est-à-dire pour être bien défendus devant elle par les commerçants européens, qui avaient beaucoup plus de force pour les défendre qu'eux-mêmes, auprès des autorités Chérifiennes. Suivant une expression locale, « *le protégé avait ainsi un chien qui aboyait pour lui.* » Seulement les européens profitèrent de cette situation particulière du protégé pour le pressurer le plus possible ; *ils lui vendaient leur protection.*

Moyennant une redevance annuelle d'une certaine quantité d'hectolitres de céréales, de boisseaux de blé, de peaux de mouton, etc..., ils inscrivaient tous les indigènes qui se présentaient comme protégés. Ils arrivaient ainsi à faire payer fort cher cette situation exceptionnelle et à ériger cette institution en un vrai commerce lucratif.

Certains consuls, de leur côté, vendaient aussi la protection ; ce qui fait que, de part et d'autre, les Européens exploitaient cette situation pour pressurer, comme nous l'avons dit, les indigènes.

Le gouvernement marocain, depuis longtemps, se plaignait de cet état de choses, qui était une atteinte à son autorité, enlevait une grande partie de ses sujets du littoral et quelques-uns de l'intérieur à sa juridiction, amoindrissant ainsi son autorité.

Les puissances européennes reconnaissaient le bien fondé de ces réclamations, mais ne se souciaient guère d'y porter remède. Pourtant l'Allemagne ne désirait déjà qu'une internationalisation du Maroc ; elle profita de cette occasion pour tâcher d'amener les autres nations intéressées à s'entendre, afin, soi-disant, de règlementer cette protection abusive.

L'Europe se décida enfin à discuter cette question et

sur les instances réitérées du Maroc, une première conférence eut lieu en 1879, à Tanger, dans laquelle étaient représentés les états en relation avec l'empire Chérifien; mais les pourparlers entamés ne purent aboutir.

On transféra alors cette conférence à Madrid l'année suivante et le 13 juillet 1880, la Convention fut signée par les douze nations suivantes :

France, Allemagne, Autriche-Hongrie, Belgique, Danemark, Espagne, Etats-Unis, Grande-Bretagne, Italie, Pays-Bas, Portugal, Suède-Norwège; et bien entendu par le Maroc aussi, seule puissance non chrétienne, représentée dans ce traité.

Avant d'en commencer l'analyse, il nous semble utile d'expliquer l'attitude de la France dans cette conférence; car si les nations européennes se réunissaient pour réprimer les abus de leurs représentants ou de leurs sujets au Maroc, la France était sur ce point hors de tout reproche : c'était peut-être, la seule puissance qui eût respecté fidèlement le règlement de 1863, relatif aux censaux.

Voici, du reste, les instructions écrites, dont les traits principaux furent exposés aux représentants des autres nations, que M. de Freycinet, notre ministre des affaires étrangères, donna à l'amiral Jaurès, ambassadeur de France à Madrid, qui devait nous représenter à la Conférence; le 11 mai 1880 :

« La protection que les puissances européennes accordent à certains indigènes, dans l'empire chérifien, repose sur un système de droit conventionnel, qui est traditionnellement admis comme pouvant seul assurer aux étrangers, en pays musulman, les moyens nécessaires pour entrer en rapports avec les populations locales. Nous ne faisons point de difficulté de reconnaître qu'une application abusive de ce système a pu exciter, quelquefois, de justes susceptibilités chez le souverain territorial, à la juridiction de qui un nombre excessif d'individus se trouvaient soustraits. Des puissances ont multiplié outre mesure, et sans l'excuse de motifs légitimes, le nombre de leurs protégés ; il en est résulté dans la pratique des récriminations et des conflits qui ont amené un état de malaise incontestable.

« La France, pour sa part, n'a jamais suivi au Maroc une ligne de conduite pouvant donner prise à de semblables objections. Ses droits sont fondés sur un Traité solennel conclu en 1767, et dont l'article 11 est ainsi conçu : « Ceux qui seront au service des consuls, secré-
« taires, interprètes et courtiers ou autres, tant au service
« des consuls que *des marchands*, ne seront point em-
« pêchés dans leurs fonctions, et ceux du pays seront
« libres de toute imposition et charge personnelle. »
L'application du principe posé dans cet article a été, le 19 août 1863, l'objet d'un règlement dont je joins le texte au présent envoi.

« Nous sommes donc nantis de titres dont l'authenticité et la force ne peuvent donner lieu à aucune discussion. Le droit que nous tenons des Traités a toujours été exercé par nous, avec modération et réserve et la limitation, qu'il impose à l'autorité du souverain territorial, est rendue manifestement nécessaire, par l'état des mœurs et de la législation indigène. Les tristes incidents dont la ville de Fez a été récemment le théâtre ne permettent pas de se faire illusion sur ce point. Aussi, dégageant le droit de protection des abus qui ont permis d'en dénaturer le caractère, devons-nous continuer à le considérer comme la conséquence d'une situation générale, et non comme une cause de faiblesse pour le gouvernement chérifien. Nous attachons trop de prix au maintien d'un ordre de choses régulier chez les voisins de notre frontière africaine, pour ne pas espérer que cette appréciation sera partagée par les puissances intéressées, comme nous, à l'indépendance du Maroc.

« Malgré les efforts qui ont été faits, depuis quelque temps, pour combattre le principe même sur lequel est fondé le régime des protections, les Conférences spéciales tenues entre les représentants des puissances à Tanger, ont démontré, nous le croyons, l'inopportunité absolue et les dangers pratiques d'une réforme aussi radicale que le serait l'abolition de ce régime...

« Les conditions particulières de notre trafic avec le Maroc nécessitent la continuation des privilèges de ces courriers indigènes, chargés par nos négociants d'aller chercher, souvent à de très longues distances des ports, les laines qui fournissent la presque totalité de l'exportation française. On ne saurait se passer de l'intermédiaire des censaux sur les marchés de l'intérieur, où, loin de la surveillance exercée dans les villes de la côte, les violences sont plus fréquentes et la répression plus difficile. En acceptant, par l'Arrangement de 1863, de limiter le nombre des courtiers indigènes à deux par comptoir, peut-être avons-nous déjà trop cédé, au dire de nos négociants ; leurs plaintes seraient fondées, si nous ne leur assurions pas la liberté du choix de leurs agents et une sécurité indispensable pour leurs transactions. La suppression de ces privilèges, si elle ne ruinait pas entièrement notre commerce avec l'intérieur du pays, serait à coup sûr la source de difficultés que les autorités chérifiennes ont tout intérêt à ne pas voir se produire.

« Nous admettons, d'ailleurs, que les censaux, comme les autres protégés, soient, en tant que propriétaires, soumis au paiement des taxes agricoles ; mais, en retour du consentement à ces impositions, nous demandons au Maroc la reconnaissance formelle du droit de posséder pour les étrangers. Il y a une corrélation évidente entre ces deux idées, et si notre réclamation devait être repoussée, nous nous verrions obligés de nous en tenir aux termes de la Convention de 1863, en ce qui concerne l'exemption de toute taxe pour nos protégés... »

Fort de ces instructions et de l'appui que lui apporta M. de Freycinet au cours de la Conférence, l'amiral Jaurès soutint fermement nos droits, et c'est grâce à son énergie, que, malgré les entraves de quelques représentants étrangers, il ne fut rien changé à la situation des censaux, qui resta telle qu'elle avait été établie dans le règlement de 1863.

PARAGRAPHE II

Analyse de la Conférence

La première réunion de la Conférence eût lieu à Madrid le 19 mai 1880 ; *M. Canovas del Castillo,* représentant de l'Espagne, fut nommé président.

Le 24 mai on fit la lecture des demandes additionnelles formulées par le Maroc : il résulta des discussions de la Conférence, un projet en dix-huit articles, qui forma le texte de la Convention et fut signé par les parties intéressées le 3 juillet 1880.

On y régla successivement :

1° La Protection ; 2° Le droit de propriété et les impôts à payer par les Européens ; 3° La Naturalisation ; 4° La Liberté du commerce.

A) La Protection au Maroc

1° *Qu'est-ce que la Protection ?*

La protection, comme nous l'avons déjà vu, n'est ni plus ni moins, que l'ensemble des libertés accordées à certains indigènes appelés suivant les cas, protégés ou censaux, employés par les Européens à certains services speciaux que nous étudierons dans la section suivantes.

Comme nous l'avons dit aussi, la protection est une des conséquences du régime des Capitulations avec le Maroc. L'article 6 de la Conférence dit qu'elle n'est par héréditaire, elle est donc viagère.

Une seule exception a été faite pour des protégés français : la famille des Ben-Chimol, qui, de père en fils, a fourni des interprètes à la légation de France. Cette restriction était déjà inscrite sur le règlement de 1863 ; on l'accepta aussi en 1880, mais à une condition ; c'est que si l'empereur du Maroc accordait une autre exception, toutes les puissances représentées à la conférence auraient le droit de réclamer une exception pareille.

En second lieu, la protection n'est pas tout à fait individuelle ; elle s'étend à une partie de la famille du protégé (sa femme, ses enfants, ses parents *mineurs habitant sous le même toit.*)

En conséquence, les parents majeurs et ceux qui n'occupent pas la même demeure que le protégé, sont exclus de la protection.

Mais ici, l'article 5 relève deux exceptions. Nous savons que d'après le régime des capitulations, le protégé relève de la juridiction consulaire ; or, dans les deux cas prévus dans cet article 5, il y a une restriction à ce droit.

1. Si au moment où est accordée la protection, un procès civil, intéressant le protégé, est déjà engagé devant la juridiction locale, celle-ci doit le terminer.

2. Si un indigène est poursuivi pour délit ou crime, le droit de protection ne peut s'exercer avant qu'il n'ait été jugé par la juridiction locale et qu'il n'ait accompli sa peine, s'il y a lieu.

2° *A qui s'applique la Protection ?*

Les personnes à qui elle peut s'appliquer se divisent en trois groupes :

1° Les indigènes qui sont employés par les autorités consulaires ;

2° Les indigènes qui sont employés par les négociants européens pour les affaires de commerce ; (*Censaux*.)

3° Les indigènes qui ont rendu des services exceptionnels.

1° Ce premier groupe était déjà protégé, comme nous l'avons vu, par la Convention de 1863. En 1880, Si-Mohamed-Bargach, ministre des affaires étrangères du Maroc, envoyé extraordinaire du Sultan pour le représenter à la Conférence, demanda la restriction de la protection, quant aux indigènes employés par les consuls. On les limita à un interprète, un soldat et deux domestiques par consul, vice-consul ou agent consulaire ; mais il ne fut pas fixé de limitation pour les interprètes, gardes ou domestiques des légations ou des chefs en mission.

En revanche, ne jouissent pas de la protection : les domestiques, fermiers ou autres employés indigènes, au service des secrétaires des légations ou consulats ; il en est de même pour les employés ou domestiques marocains des sujets étrangers (article 9).

Afin que le bénéfice de ce droit ne soit pas étendu d'une façon trop exagérée, il fut entendu que, tous les ans, les représentants des nations étrangères devraient communiquer au ministre des affaires étrangères du Maroc, la liste nominative de tous leurs protégés. D'autre part, les agents consulaires étrangers, devaient aussi remettre aux autorités des pays où ils étaient installés, la liste des personnes qu'ils protégeaient.

Le ministre des affaires étrangères du Maroc, à qui

ces diverses listes devaient être communiquées, avait à les contrôler, et si elles n'étaient pas conformes aux règlements, en avertir, le ou les représentants des nations intéressées (article 8).

2° En ce qui concerne les indigènes employés par les maisons de commerce, c'est-à-dire les censaux, la conférence du Madrid ne fait que confirmer la protection, accordée, en 1767, aux indigènes employés par les commerçants français, et la limitation de nombre qui avait été faite en 1863 pour nous, et étendue aux autres puissances à partir de 1865.

Mais, si l'on obtint le maintien du nombre de censaux fixé par le règlement de 1863, ce ne fut pas sans peine. Si-Mohamed-Bargach, à ce sujet, voulait les assimiler aux domestiques indigènes des sujets étrangers ; c'est-à-dire leur refuser toute protection.

C'était empêcher les maisons de commerce de pénétrer à l'intérieur du Maroc, détruire toute l'influence qu'elles pouvaient y avoir, et suspendre une partie importante de leurs affaires ; pour certaines, c'était la ruine. En effet, comme nous l'avons dit plus haut, les censaux étaient les seuls agents capables de faire accéder le commerce européen dans l'intérieur des terres.

L'amiral Jaurès refusa, non seulement la demande de Si-Mohamed-Bargach, mais aussi un projet présenté par M. Sackville-West, représentant de l'Angleterre, dans lequel les nations se seraient interdit le droit de choisir les censaux parmi les habitants des villages de l'intérieur ; enfin, un contre-projet du même, proposant de diminuer le nombre des censaux et les soumettant à la juridiction locale.

A la suite d'un discours énergique du 6 juin, de l'amiral Jaurès, qui declara que la France ne pourrait pas aller, comme concessions, au-delà de ce qu'elle avait accepté en 1863, c'est-à-dire la limitation à deux censaux par maison de commerce, le ministre anglais retira son projet et son contre-projet.

On pouvait croire que la discussion sur ce point était close, il n'en fut rien ; les ministres d'Autriche-Hongrie et d'Italie formulèrent deux nouvelles propositions.

La Conférence ayant donné la priorité au projet autrichien, on vota le premier article, qui, comme le règlement de 1863, limitait les censaux à deux par maison ou comptoir. Mais lorsqu'elle voulut passer au vote de l'article 2, qui permettait indistinctement de prendre les censaux dans les ports et dans l'intérieur, Si-Mohamed-Bargach refusa.

Les séances de la Conférence furent dès lors suspendues et l'on put croire qu'elle allait échouer, comme l'essai de Tanger ; mais au bout de quelques jours, Si-Mohamed-Bargach vint trouver l'amiral Jaurès et le pria de faire reprendre les réunions de la Conférence.

On arriva alors à une discussion définitive de la question des censaux ; son résultat forma l'article 10 du traité, dont voici la teneur :

« Il n'est rien changé à la situation des censaux, telle qu'elle a été établie par les traités et par la Convention de 1863... »

Donc, comme en 1863, pour être protégés censaux, les indigènes doivent satisfaire aux conditions suivantes :

Etre employés par des négociants étrangers pour des affaires de commerce, ce qui exclue ceux qui sont employés aux exploitations rurales.

La protection reste limitée à deux indigènes par maison, ou comptoir de commerce.

3° Pour les indigènes ayant rendu des services exceptionnels, la protection vient d'un simple usage pratiqué par les puissances, dont les représentants inscrivaient sur leur liste de protégés, les indigènes qui avaient, soi-disant, rendu des services signalés à leur gouvernement ; et c'est surtout ici que les abus se produisaient.

L'article 16 règlementa ainsi cette protection : « A l'avenir, il faudra notifier au ministre des affaires étrangères à Tanger, la nature des services rendus par les indigènes et l'intention de les récompenser par la protection. La résolution définitive, restera néanmoins réservée au gouvernement auquel le service aura été rendu.

Le nombre de protégés ne pourra pas, désormais, dépasser douze par puissance ; néanmoins, ceux qui ont déjà obtenu la protection dans cette catégorie, la conserveront sans limitation de nombre, pareille à celle établie par la présente conférence aux autres protégés. »

B) Le Droit de Propriété et les impôts payés par les Européens

Ce droit de propriété, par l'article 11, est reconnu pour tous les étrangers résidant au Maroc. Tout Européen pourra donc devenir propriétaire d'un bien immobilier, mais pour cela il devra remplir les formalités suivantes :

D'abord demander le consentement du gouvernement marocain avant l'achat ; en second lieu, au point de vue de la transmission, il devra se conformer aux formalités requises par la loi marocaine.

Enfin, les tribunaux du sultan seront exclusivement compétents pour toutes les contestations auxquelles son droit de propriété peut donner lieu. *Quelle que soit la qualité* (demandeur ou défendeur), les tribunaux doivent juger d'après la loi marocaine, l'appel est admis devant le ministre des affaires étrangères.

Impôts : Tout étranger, propriétaire ou locataire de terrains cultivés, paie la taxe agricole qui comprend : 1° Un impôt sur les récoltes (*Achour*) et un autre sur les troupeaux (*Zekkat*) (article 12). A cet effet, ils remettent chaque année à leur consul la note exacte de ce qu'ils possèdent, en acquittant entre ses mains le montant de l'impôt. S'il y a fausse déclaration, ils paient double impôt et le quadruple, s'il y a récidive.

S'ils sont propriétaires de bêtes de somme, ils payent la taxe, dite des portes (art. 13) ; cette taxe, comme l'impôt agricole, s'applique aussi aux protégés et aux censaux.

C) La Naturalisation

Ici encore, nous n'avons qu'à reproduire le texte de l'article 15 ; la discussion de ce sujet donna bien lieu à quelques difficultés, de la part de l'amiral Jaurès, mais finalement on accepta la proposition de M. Canovas del Castillo, président de la Conférence, qui, complétée à la demande des plénipotentiaires Français et Portugais, devint l'article 15, dont suit l'exposé :

« Tout sujet marocain, naturalisé à l'étranger, qui reviendra au Maroc, devra, après un temps de séjour égal à celui qui lui aura été régulièrement nécessaire pour obtenir la naturalisation, opter entre sa soumission entière aux lois de l'empire, ou l'obligation de quitter le Maroc, à moins qu'il ne soit constaté que la naturalisation étrangère a été obtenue avec l'assentiment du gouvernement marocain. »

Il faut pourtant noter une exception à cette règle, faite en faveur des naturalisés antérieurs à la Convention de 1880.

D) La Liberté de Commerce

Le principe de la liberté de commerce avait déjà été affirmé par toutes les conventions intervenues entre la France et le Maroc ; d'autre part, les autres puissances européennes avaient bien aussi, maintes fois, obtenu des assurances à ce sujet, mais au fond, cela n'empêchait pas nombre d'abus d'avoir lieu.

L'article 17 de la Conférence confirme cette liberté du commerce, en disant que :

« Le droit au traitement de la nation la plus favorisée, est reconnu par le Maroc à toutes les puissances représentées à la Conférence de Madrid.

[illegible] de [illegible]
[illegible] de l'association [illegible]
[illegible] mande [illegible] moins [illegible]
[illegible] espèce [illegible]
[illegible]
[illegible] ment néces[illegible]
[illegible]
[illegible] du Poitou [illegible]
[illegible]
[illegible]

[illegible] cette école [illegible]
[illegible]

[illegible]

[illegible]

CHAPITRE III

L'Europe au Maroc de 1880 à 1905

SECTION PREMIÈRE. — **Les puissances intéressées sauf la France.**

SECTION II. — **La France au Maroc de 1880 à 1905.**

SECTION III. — **Les Influences internationales depuis 1880.**

A). *La Commission d'hygiène de Tanger.*

B). *Le Sémaphore du cap Spartel.*

C). *Les Postes européennes au Maroc.*

D). *Les Relations commerciales du Maroc avec l'Europe.*

CHAPITRE [illegible]

[illegible] au Maroc [illegible]

[illegible]

[illegible] — La France au Maroc de 1900 à [illegible]

[illegible]

[illegible]

CHAPITRE III

L'Europe au Maroc de 1880 à 1905

SECTION PREMIÈRE. — **Les Puissances intéressées, sauf la France.**

Espagne

Nous l'avons quittée, dans notre premier chapitre, à la Convention de Tanger de 1866, relative à un règlement de douane aux environs de Melilla : depuis cette époque, il n'y a rien d'intéressant à relater dans ses rapports avec le Maroc ; mais treize ans après la Conférence de Madrid, c'est encore à propos du Préside de Melilla que nous allons avoir à nous occuper d'elle.

La zône concédée à l'Espagne autour de Melilla, avait été très mal délimitée ; quelques poteaux de bois facilement déplaçables avaient seulement été plantés pour indiquer la ligne frontière.

On avait bien placé un Caïd non loin de cette limite,

pour veiller à son maintien, mais il avait sous ses ordres des troupes trop insuffisantes, pour faire respecter cette frontière ; aussi les tribus limitrophes venaient-elles empiéter, à leur gré, sur le territoire de Melilla et attaquer même les soldats espagnols, sous les murs du Préside.

A propos de la construction d'un fort sur le territoire espagnol, mais à proximité du marabout de Sidi-Ourriach, les Riffains s'agitèrent en 1893. Ils prétendirent que l'on avait empiété sur leur cimetière et que la *Koubba* avait été profanée : il y eut une pétition auprès du gouverneur de Melilla; celui-ci réfuta les doléances des marocains, et le Préside fut de suite attaqué.

Il eut beaucoup de peine à se défendre, car sa garnison était minime ; de plus, dès les premiers jours de l'attaque, dans une sortie, le général Margallo fut tué.

L'affaire allait mal tourner, lorsque l'Espagne envoya 25,000 hommes au Maroc, sous le commandement du maréchal Martinez-Campos.

Les succès de cette expédition furent médiocres ; malgré cela, Martinez-Campos ayant été envoyé à Merrakech. y signa, *le 5 mars 1894, la Convention, dite de Merrakech*, qui mit fin à cette campagne.

L'Espagne obtenait une indemnité de quatre millions de douros payables en sept ans, par semestres de deux cent mille douros, aux ports de Tanger et de Mazagan.

Abd-el-Aziz, le nouveau sultan, ne put pas payer dans les délais voulus, les versements semestriels ; il envoya alors une ambassade à Madrid en janvier 1895.

L'Espagne fit bon accueil à cette mission, mais un un incident fâcheux se produisit, et faillit compromettre le succès des négociations.

Le chef de l'ambassade marocaine, *Sidi-Bricha,* sortait de son hôtel, le 31 janvier, pour se rendre chez la reine régente, lorsqu'il fut frappé et insulté par un général en retraite, Miguel Fuentes y Sanchez.

Ce dernier, en l'invectivant, lui lança cette exclamation : « *Rappelle-toi de Margallo, le général espagnol tué à Melilla, et va le dire à ton maître!* » (Margallo avait été un de ses amis.)

Devant cette agression inqualifiable, l'Espagne se trouva dans une situation délicate vis-à-vis de la mission marocaine ; on décida la traduction du général Miguel Fuentes y Sanchez devant un conseil de guerre et on fit des excuses au représentant du sultan, offensé.

On traita alors : *La Convention de Madrid du 24 février 1895.*

En égard à l'incident que nous venons de relater, l'Espagne consentit à augmenter les délais de paiement de l'indemnité convenue en 1894 à Merrakech, et réduisit le solde de 3.800.000 douros, qui restait à payer, à 1.400.000 douros.

Dans cette convention, il était stipulé, comme garantie pour l'avenir : d'abord, que l'on devait démarquer la zone frontière de Melilla par des piliers de maçonnerie, à deux cents mètres les uns des autres ; qu'un caïd et 400 Maures seraient établis autour du camp de Melilla, pour empêcher les tribus voisines de faire des incursions et du brigandage sur le territoire espagnol ; enfin, que la charge de Pacha de Melilla serait confiée à un dignitaire de l'empire marocain.

C'est tout ce que nous avons à relever comme faits, traités ou ententes, entre le Maroc et l'Espagne. Le droit conventionnel régissant les deux pays, en dehors des traités internationaux, et de ceux qui furent passés en 1767-80-99 et qui ne furent pas, ou à peu près, exécutés par le Maroc, se ramène aux quatre règlements suivants :

1° *Le traité de Paix* (Tétouan) *du 26 avril 1860 ;*

2° *Le traité de Paix et de Commerce* (Madrid) *du 20 novembre 1861 ;*

3° *La Convention de Merrakech du 5 mars 1894 ;*

4° *La Convention de Madrid du 24 février 1895.*

Mais, si depuis 1894 jusqu'à Algésiras, l'influence espagnole au Maroc ne nous permet pas de relater d'autres faits ou traités nouveaux, il sera peut-être intéressant d'analyser sa politique « *africaine* », depuis cette époque-là.

Après avoir perdu Cuba, Porto-Rico, les Philippines ; l'Espagne eut l'idée de retrouver dans ces terres marocaines, encore vierges pour la plupart, et dit-on si fertiles, un nouvel Eldorado ; un autre empire colonial, pour remplacer celui que la guerre américaine lui avait enlevé.

N'y avait elle pas déjà depuis deux siècles ses Présides ? Cette occupation si ancienne du rivage marocain, ne lui donnait-elle pas des « *droits historiques* », sur le pays des Chérifs ?

Qu'avait-elle à faire pour cela ? se créer une flotte suffisante pour s'assurer le passage du détroit et une armée pour conquérir le Maroc : c'était l'idée de « *Reconquista* », de la continuation de la politique ancestrale, qui devait flatter l'orgueil espagnol, humilié par ses récentes défaites.

De ce fait, le gouvervement, s'appuyant d'une part, sur l'armée, heureuse de se relever de Cuba, sur l'opinion publique d'autre part, fière, à l'idée seule de nouvelles conquêtes possibles ; était sûr d'avoir l'Espagne pour lui, dans son intention de *Reconquista*. Seulement, il fallait compter avec d'autres pays, ayant aussi des intérêts dans ce Maroc convoité ; qu'allait dire la France, par exemple ?

On tenta de faire un arrangement avec elle, on parlait de « *partage* » ; en novembre 1902, on crut même que les négociations allaient aboutir et que l'Espagne obtiendrait un traité en règle, lui permettant de réaliser ses espérances, sinon sur tout le Maroc, du moins sur une bonne partie.

Mais, Madrid était trop exigeant, voulait sa part trop forte et la France cessa les pourparlers.

Le gouvernement espagnol, pour rassurer l'opinion populaire, fit alors déclarer dans des discours officiels, qu'il se passerait de nous : certes, l'Espagne seule ne pouvait pas songer à nous écarter des conpétitions africaines que nous prétendions avoir, et prendre le Maroc malgré nous ; mais elle pouvait trouver des associés qui feraient pour elle la plus grande partie de la besogne.

Pour celà, elle laisserait l'Angleterre occuper Tanger, qui en somme n'était qu'une dépendance de Gibraltar, et l'Allemagne prendrait Safi ou Mogador, comme point de relâche pour ses lignes Africaines.

Les négociations furent entamées avec Londres, mais l'accord franco-anglais du 8 avril 1904, vint presque aussitôt les suspendre.

Cet accord, reconnaissait que l'Espagne avait bien des intérêts sur la côte marocaine, mais que le gouvernement français s'entendrait avec elle à leur sujet.

Or, ceci ne satisfaisait pas le gouvernement de Madrid, car on ne lui reconnaissait que des intérêts, pas plus, et celà lui supprimait tout espoir de conquête.

Mais, si l'Espagne ne pouvait plus compter sur l'Angleterre, il lui restait l'Allemagne, avec qui elle avait entamé des relations dès la fin de 1899, après la guerre américaine, lorsqu'elle lui vendit les débris de ses colonies : les Mariannes, les Carolines, les Palaos.

Ici, peut-être, le terrain serait plus facile à cultiver; d'autant plus, qu'après cette vente, elle avait accordé à l'Allemagne un traitement de faveur pour ses manufactures.

Cependant, quoique les journaux de Madrid, à propos de la visite qu'Alphonse XIII fit à Vigo à une escadre Allemande, aient laissé entendre que Guillaume II s'était décidé à soutenir l'Espagne au Maroc, il n'en fut rien, et ce dernier fit la sourde oreille.

Enfin, arriva l'accord franco-italien, qui enlevait à

l'Espagne la dernière chance de trouver contre nous un allié.

Que faire ? Depuis la guerre américaine, les Espagnols n'ayant plus les revenus de leurs colonies, s'étaient lancés dans l'exploitation des richesses minières et agricoles de leur pays, pensant ainsi se relever de la crise fâcheuse qui régnait chez eux depuis 1899.

Seulement le Trésor, ruiné par le change (qui fut jusqu'à 220 0/0 pendant la guerre), était à sec. Le gouvernement pensait bien à refondre et à convertir la dette nationale, dont le service des intérêts engloutissait les deux tiers du budget ; mais, pour cela, il fallait des fonds et on ne savait où les prendre.

Or, où trouve-t-on des capitaux lorsque l'on en a besoin dans le monde civilisé, sinon en France ?

Encore récemment, n'a-t-elle pas tiré la Russie d'une situation difficile et l'Italie d'une crise très grave ?

C'est donc en France que l'Espagne pouvait trouver les sommes nécessaires à sa rénovation ; l'entente avec nous était son premier besoin. Alors, pour employer une expression populaire, « *faisant contre mauvaise fortune bon cœur* », elle se retourna vers nous et arriva ainsi à conclure, le 3 octobre 1904, la Convention franco-espagnole, que nous examinerons lorsque nous étudierons les influences françaises au Maroc depuis 1880.

Angleterre

Depuis 1880, l'Angleterre était toujours très bien vue à Fez ; pourtant, l'Allemagne, par ses agissements au

Maroc, préoccupait les hommes d'Etat britanniques. Le 20 mai 1890, sir Kirby Green, successeur à Tanger de sir J. Drummond Hay, reçut des instructions pour presser le gouvernement chérifien d'accepter un traité de commerce, pour remplacer celui de 1856, sous le régime duquel vivaient encore les deux nations.

Les discussions furent longues, Mouley-Hassan étant peu disposé à traiter. Sur ces entrefaites arriva l'annexion du Touat par la France ; le colonel sir Charles Bean Evan Smith, qui avait été ministre à Tanger en 1892, fut envoyé l'année suivante à Fez, pour offrir au sultan de venger son honneur et lui proposer (disaient les journaux britanniques), un débarquement anglais au Maroc, comme réponse à notre installation au Touat.

C'était un projet de protectorat déguisé, que devait terminer un traité de commerce avantageux. Mais Mouley-Hassan, qui mettait à profit les rivalités européennes pour maintenir son indépendance, ne tenait pas du tout à aliéner sa liberté et refusa les propositions anglaises. Les relations anglo-marocaines se refroidirent un peu, tandis que l'Allemagne gagnait du terrain à Fez.

Mouley-Hassan mourut en 1894 et pendant six ans, jusqu'à 1900, son fils Abd-el Aziz, mineur, fut sous la tutelle du vieux Ba-Ahmed : celui-ci, très adroit, suivit la politique de son ancien maître et profita des rivalités des infidèles à l'extérieur et des partis à l'intérieur du Maroc.

A. Nicolson, qui fut, de 1895 à 1904, envoyé extraordinaire à Tanger, suivit encore la politique tracée à ses prédécesseurs par Palmerston, Beauconsfield, Salisbury; et sous les ordres de ce dernier, il s'appliqua surtout à lutter contre l'influence allemande, le 13 mars 1895 il passa un traité avec le sultan. En 1900, à la majorité d'Abd-el-Aziz, comme nous l'avons vu déjà, Mac-Léan et Walter Harris, accaparèrent le jeune sultan; Mac-Léan fut nommé Caïd et commandant de la cavalerie marocaine et le commandement en chef de l'armée, fut donné à un protégé de l'Angleterre, El-Mehdi-El-Mnibhi.

Tout était donc parfait pour Londres et le prestige britannique reprenait la première place à Fez ; mais la guerre du Transvaal détourna pendant deux ans les yeux de l'Angleterre de ses intérêts au Maghreb. De plus, elle se désintéressait presque de son commerce marocain; depuis 1899, si elle avait fait, cette année-là, pour trois millions de livres sterling de commerce avec lui, elle restait stationnaire.

Pourquoi celà ? Parce que, si au point de vue politique elle était intransigeante pour se conserver la surveillance sur le détroit, et empêcher l'Europe de prendre position en face de Gibraltar; elle ne s'occupait que très peu de son commerce intérieur avec le Maroc, de peur qu'il n'éveillât les compétitions d'autres nations.

Il est facile de se rendre compte de ce désintéressement volontaire, par le fait suivant : en 1898, M. E. Satow, successeur de Sir B. E. Smith, à Tanger, fit, au nom des négociants anglais de cette ville, solliciter par M. Donald Mackenzie, un attaché commercial pour Tanger.

Sir W. Harcourt, chancelier de l'Echiquier, répondit que cela coûterait 700 livres par an et que la Grande-Bretagne ne pourrait pas faire une telle dépense pour le commerce anglo-marocain.

D'autre part, Abd-el-Aziz, conseillé comme nous l'avons vu par ses deux « Barnums » anglais, s'était mis à accomplir des réformes prématurées, dérangeant les habitudes, froissant les sentiments des populations marocaines et s'était lancé dans une foule de dépenses extravagantes. Cela aboutit, comme nous l'avons relaté dans l'introduction de notre étude, à la révolte, à l'apparition du prétendant Bou-Hamara, à l'échec de l'armée Chérifienne ; enfin, à la pénurie du trésor.

L'Angleterre se trouva dans une situation inquiétante ; les sujets du sultan irrités, imputèrent aux agents anglais les innovations fâcheuses de leur maître, qui avaient ruiné et bouleversé le pays.

Abd-el-Aziz, pour sauvegarder sa popularité, renvoya de suite tous ses conseillers britanniques.

Pendant ce temps-là, l'influence française faisait de nouveau des progrès, prolongeait ses voies ferrées jusqu'à Béni-Ounif et du côté d'Oudjda, jusqu'à Lalla-Maghnia.

De plus, en novembre 1902, le bruit avait couru qu'une déclaration venait d'être signée entre M. Delcassé, notre ministre des affaires étrangères et M. Léon y Castillo, marquis del Rio Muni, ministre d'Espagne à Paris. Elle avait trait, disait-on, à la réglementation des sphères d'influence des deux pays sur le Maroc : c'était le fameux essai de Convention dont nous avons parlé à propos de l'Espagne et qui ne pût aboutir.

Le Foreign-Office s'émut, et mit en avant les 36 millions de francs du commerce de l'Angleterre au Maroc. Il se prévalait de ce chiffre et soutenait que la Grande-Bretagne : « occupant la première place en Europe parmi les puissances en relations commerciales avec l'empire chérifien, alors que la France ne faisait avec lui que 22 millions d'affaires (il oubliait les 16 millions du commerce algérien), on devait compter avec elle, avant de s'engager en quoi que ce soit, en ce qui concernait le Maroc ».

De plus, le Foreign-Office faisait tendancieusement demander à Paris, quel serait, dès lors, le sort du commerce anglais ; allait-on lui appliquer des tarifs différentiels comme à Madagascar, pour l'évincer peu à peu ?

Enfin, l'Allemagne, de son côté, inquiétait pas mal l'Angleterre, prenant au Maroc une place importante, au point de vue commercial ; et devenant pour elle un concurrent sérieux.

Aussi, lorsque notre ambassadeur à Londres fit au gouvernement anglais des ouvertures au sujet du règlement de la question marocaine, le secrétaire d'Etat à l'Office des affaires étrangères se montra tout disposé à examiner nos propositions : L'accord de 1904 commençait déjà à se préparer.

Lord Lansdowne reconnut bien que la France pouvait aspirer à avoir une certaine action prépondérante au Maroc, mais qu'alors l'Angleterre entendait se réserver la possession exclusive de Tanger et bénéficier de la liberté la plus complète pour son commerce.

Monsieur P. Cambon, notre ambassadeur, fit observer que si la Grande-Bretagne occupait Tanger, cela lui occasionnerait d'énormes frais pour un résultat minime et que, de plus, cela pourrait lui attirer de grandes complications pour l'avenir, car d'autres puissances, elles aussi, et pas des plus faibles, avaient les regards tournés vers le Maroc (il faisait allusion, indirectement, à l'Allemagne).

Les négociations cessèrent sur cette entrevue ; mais le temps pressait, l'Allemagne était toujours là, progressant dans l'empire Chérifien ; le docteur Fischer, président de la « *Société pour le développement des intérêts économiques allemands au Maroc* », venait de publier un ouvrage dans lequel il disait :

« *A l'Angleterre, la côte de la Méditerranée, à l'Allemagne celle de l'Atlantique, à la France, le Rif et le massif de l'Atlas.* »

Grande émotion à Londres, au sujet de ces « prétentions Allemandes » ; il fallait se hâter, l'activité germanique au Maghreb étant signalée constamment par les agents anglais.

On reprit les négociations avec nous ; on décida de régler Terre-Neuve avec les questions de l'Afrique centrale, et celle du Maroc avec la question d'Egypte.

Le voyage d'Edouard VII à Paris et celui du président de la République en Angleterre, achevèrent le tout, et on aboutit ainsi au :

Traité de Londres du 8 avril 1904,

signé par M. Paul Cambon, notre ambassadeur, et lord Lansdowne.

De cet accord franco-anglais, nous n'allons ici analyser que ce qui intéresse l'Angleterre directement ; les questions relatives au Maroc, c'est-à-dire, tout ce qui a quelque intérêt pour notre nation, devant être étudié dans la section suivante, lorsque nous parlerons de la France.

Il était dit dans ce traité :

« Le gouvernement de sa Majesté Britannique déclare qu'elle n'a pas l'intention de changer l'état politique de l'Egypte ; mais la France n'y entravera pas son action, en demandant qu'un terme soit fixé à l'occupation Britannique, etc.

« La France s'engage à ne pas laisser élever de fortifications ou ouvrages militaires quelconques sur la côte marocaine entre Melilla et les hauteurs dominant la rive droite du Sebou. Elle peut traiter avec l'Espagne, sous la réserve, que le traité à conclure, soit soumis à l'approbation anglaise et qu'il confie le soin de garder désormais les côtes marocaines à l'Espagne, soutenue dans cette mission, par la nation française. »

Le commerce de l'Angleterre au Maroc devait jouir du même traitement que celui en vigueur pour le transit des possessions Françaises en Afrique ; en retour, même clause était acceptée par Londres, pour nos relations commerciales avec l'Egypte.

L'Angleterre avait, de ce fait, une situation privilégiée au Maroc, et de plus, confiait à l'Espagne et à la France, le soin de la maintenir, écartant pour elle toutes les craintes qu'elle avait du côté de l'Allemagne et gardant la porte ouverte pour son commerce.

Enfin, cette nation, qui possède de formidables batteries à Gibraltar, trouvait ainsi le moyen de faire observer, à son profit, la liberté du détroit sans bourse délier, et comme nous venons de le dire, aux risques et périls de la France et de l'Espagne, chargées de faire la police sur les côtes marocaines et d'y empêcher quelqu'autre nation de s'y implanter.

Allemagne

Nous avons déjà vu que jusqu'en 1880, ce pays n'avait pour ainsi dire pas eu de relations avec l'empire Chérifien ; mais depuis cette époque, au contraire, les maisons de Hambourg et de Brême se mirent à *cultiver* le Maghreb, et le commerce allemand occupa, peu de temps après, une place respectable à côté de ceux de l'Angleterre et de la France.

Du reste, de 1880 à 1890 les diplomates allemands essayèrent de retourner l'internationalisation à leur profit ; c'est le moment où Bismark devient colonisateur. Une ambassade marocaine se rend à Berlin en 1889, et peu après, l'Allemagne obtient une fourniture d'armes pour Fez.

Enfin, *le 1er juin 1890, un traité de commerce est signé à Fez* par le comte de Tattenbach, ministre à Tanger et le vizir Mohammed-el-Mouffaddal-ben-Mohammed-Gharrit.

Le sultan s'y engage à étendre le tarif d'exportation à de nouveaux articles en faveur de l'Allemagne et de plus, promet de ne pas prohiber désormais arbitrairement la sortie des produits tarifés : en outre, il se trouve tenu de respecter les dispositions du traité de commerce jusqu'au moment où cet acte sera révisé et remplacé par une autre convention. Ceci est très important, car dans tous les traités précédents, le sultan se réservait la faculté de prohiber à son gré l'exportation des marchandises tarifées.

A partir de 1890, l'Allemagne combat l'Angleterre au Maroc : recherchant son avenir dans le commerce international, elle avait inondé l'Afrique, comme elle l'avait fait pour l'Asie et l'Amérique, de l'armée de ses commis-voyageurs.

Le docteur Jannasch, directeur de la Deutsche Exporbank, fondait la ligne directe de navigation *Atlas* entre Hambourg et les ports marocains.

Le traité de 1890, qui fixait à 10 0/0 *ad valorem* les droits d'importation et autorisait l'exportation des céréales, fut très utile à l'Allemagne. En peu de temps elle obtint de grands succès dans l'empire Chérifien, soit par ses prix réduits, quelquefois au détriment de la solidité, soit par son adaptation ingénieuse aux mœurs et aux préférences locales, soit encore par l'activité de ses représentants.

Les convoitises allemandes sur le Maroc s'affirmaient de jour en jour ; les journaux ne cessaient de parler de « l'importance de cette contrée fertile, bien arrosée, bien pourvue de troupeaux, qui pouvait devenir un excellent marché pour les manufactures allemandes et un terrain de colonisation germanique. »

Le *Post* de Berlin, en août 1902, s'exprimait ainsi :

« Chacun sait fort bien ici ce que vaut le Maroc, qu'un grand nombre d'explorateurs allemands ont visité. L'impression qui se dégage de tous leurs rapports, c'est que le Maroc est un pays précieux et pourtant bien négligé. Pourquoi l'Allemagne ne s'associerait-elle pas à l'œuvre qui doit ouvrir le Maroc à la pénétration économique? Nous avons lieu d'espérer que dans la question du Maroc, l'Allemagne n'a pas dit son dernier mot. »

La campagne continua dans tout l'empire ; les sociétés de Géographie, les *Vereine* pour l'exportation, appelaient sur le Maroc l'attention de Guillaume : « le *Grand comité de Géographie commerciale et de défense des intérêts allemands à l'étranger* », mit la question marocaine à l'ordre du jour de ses séances.

La même année 1902, se fonda à Berlin un « *Comité pour la défense des intérêts allemands au Maroc.* » Quel motif l'Allemagne avait-elle à s'engager dans cette politique ? Les extraits d'articles de journaux que nous venons de citer le laissent bien entrevoir.

Depuis le développement extraordinaire de sa marine marchande, il lui fallait sur toutes les parties du globe des points d'appui et des dépôts de charbon ; enfin, elle avait besoin de trouver un débouché pour y déverser l'excédent de sa population, que les pays d'émigration commençaient à ne plus contenter.

Le 20 avril 1904, les pangermanistes Wurtembergeois, réunis à Esslingen, émettaient les vœux suivants, qui prouvent bien l'extension commerciale et le besoin de pays avantageux pour la colonisation, de l'empire germanique :

« Comme la plupart de nos colonies sont peu susceptibles d'extension ; comme, au contraire, le Maroc peut devenir une colonie de peuplement et d'agriculture, en même temps qu'il serait un point d'appui des plus précieux pour notre flotte, sur une route de navigation des plus importantes ; il est désirable que le gouvernement impérial fasse le nécessaire, au cas où le *statu quo* ne pourrait pas être maintenu au Maroc, pour s'établir dans la région Ouest de ce pays, où déjà le négoce allemand occupe une situation considérable, souvent même prépondérante et pour que, notamment, Oualidia et Agadir soient occupés, etc... »

Un mois plus tard, le 27 mai, le comte Joachim de Pfeil, dans une réunion de la Société coloniale allemande, disait dans son rapport.

« L'empire a encore la possibilité de mettre la main sur une terre où l'allemand pourrait prospérer ; il faut diriger sur le Maroc les 32.000 émigrants qui vont chercher fortune aux Etats-Unis tous les ans. »

Guillaume II faisait pourtant encore la sourde oreille et ne paraissait pas se soucier de la « *Germanisation* » marocaine que la presse de l'empire réclamait à grands cris.

Tout à coup, on ne sait comment, il change subitement de politique ; le 31 mars 1905, il débarque à Tanger et y prononce un grand discours, dans lequel il se pose comme l'ami du sultan et le protecteur de son indépendance : pourquoi ce brusque revirement dans sa politique ? c'est ce que nous essaierons d'éclaircir dans le prochain chapitre, relatif précisément aux circonstances qui amenèrent la Conférence d'Algésiras, dont la visite de Tanger ne fut que le prélude.

Italie

Quelques lignes nous suffiront pour analyser ses influences au Maroc. Jusqu'en 1884, tout d'abord, l'Italie n'y avait aucun commerce ; à partir de cette époque son activité politique se développa dant l'empire Chérifien, grâce à l'énergie de son ministre à Tanger, M. Scovasso. Ce dernier s'efforça de tirer sa légation de son effacement et par une habile diplomatie, obtint de Mouley-Hassan l'autorisation de faire venir d'Italie des ingénieurs militaires. Lors de sa mort, en effet, une mission italienne venait de partir pour Fez, où elle entreprit la construction et l'exploitation d'une fabrique d'armes et d'une cartoucherie.

M. Cantagalli, successeur de M. Scovasso, éprouva quelques difficultés à suivre cette politique ; elle fut cependant reprise par son secrétaire-interprète, M. Gentile

En 1887, sous prétexte de pillage d'un de ses navires, l'Italie proposa la création d'une police internationale dans le Rif; mais cette prétention n'eût aucun écho auprès des ministres européens de Tanger.

En 1899, le ministre Malmussi se rendit à Fez, pour contraindre le sultan à prendre livraison d'un navire de guerre qu'il avait commandé à Gênes. Enfin, l'Italie, outre les établissements installés à Fez, fournissait au sultan des munitions et des armes, prenant ainsi une certaine influence auprès de Moulay-Hassan, à ce point qu'en 1893, concurremment avec l'Angleterre, elle l'excitait à revendiquer le Touat contre nous.

Avec l'Espagne, l'Angleterre, l'Allemagne et l'Italie, étaient les seules puissances dont nous eussions à relater les influences au Maroc depuis 1880. (Nous ne parlons pas de la France qui va faire l'objet de la section suivante de ce chapitre.)

Toutes les autres nations européennes pouvant être intéressées, n'ont eu avec l'empire chérifien que des relations commerciales : nous nous réservons de les étudier à la fin de ce chapitre, lorsque nous parlerons des « *Relations commerciales du Maroc avec l'Europe* ».

SECTION II

La France au Maroc de 1880 à 1905

Si la conférence de Madrid avait réglé la protection, la propriété, etc...; en revanche, elle ne s'était point occupée de la modification des frontières marocaines, et en ce qui concerne la France, celle-ci conservait toujours les limites mal définies et défectueuses de 1845.

Du reste, les incursions des Maures en territoire algérien continuaient à se répéter; en 1881, un marabout du nom de Bou-Amama, ravageait les chantiers d'alfa situés au-dessous de Saïda ; le même, le 26 avril 1882, anéantit un détachement français commandé par le capitaine Castries.

En 1892, *le 24 octobre*, nous signons un « *accord commercial* » avec le sultan. Il y est indiqué que le tarif de la nation la plus favorisée sera appliqué des deux côtés; Mouley-Hassan consent une diminution des droits d'entrée et de sortie pour plusieurs sortes de produits et une augmentation du nombre de produits importables et exportables.

En 1897, nous avons à signaler de nouveaux troubles sur la frontière algérienne ; les Marocains viennent jusqu'à quinze cents mètres de Lalla-Maghnia, sous le prétexte de suivre des rebelles.

Nous arrivons ainsi à la fin du dix-neuvième siècle et il serait peut-être intéressant de résumer en quelques lignes ce que nous avons obtenu jusque-là au Maroc. C'est chose facile, car nous n'avons, pour être renseignés, qu'à analyser l'objet des différents traités conclus avec les chérifs jusqu'à cette époque.

On peut diviser en quatre groupes les clauses contenues dans ces conventions, règlements, accords ou traités ; elles avaient pour objet :

D'abord, dans la plupart de ceux qui précédèrent le dix-neuvième siècle, de mettre fin aux hostilités survenues entre les deux Etats, la restitution des captifs, des promesses de neutralité, le châtiment des coupables. Aprês 1840, le licenciement des troupes à la frontière algérienne, la mise hors la loi d'Abd-el-Kader.

En deuxième lieu, le règlement du régime consulaire et de sa juridiction.

A un troisième point de vue, elles fixaient la situation de nos protégés, le droit de propriété de nos nationaux, l'assurance de quelque sécurité commerciale dans les différentes villes où nous avions établi des comptoirs.

Enfin, les clauses du traité de 1845 délimitaient nos frontières algériennes.

Mais dès le début du vingtième siècle, quelle était notre politique marocaine?

Toute d'effacement, d'attente ; nous ne voulions pas éveiller des convoitises (Allemagne), froisser des susceptibilités (Espagne). La France se contentait de faire régler à l'amiable les incidents de frontière, les litiges divers. Pourtant, les agressions des nomades se multipliaient ; les intrigues anglaises à Fez, depuis la majorité d'Abd-el-Aziz, nous firent comprendre qu'il fallait réagir et suivre une politique plus ferme et plus énergique.

Mais, pour cela, il fallait d'abord s'entendre avec le maghzen ; ensuite se mettre d'accord avec les nations, sur l'empire chérifien, et leur faire reconnaître la prééminence de notre politique sur ce pays.

C'est à partir de ce moment-là que s'ouvrirent successivement des négociations avec le Maroc, l'Italie, l'Angleterre et l'Espagne.

L'occasion d'entrer en pourparlers avec le Maroc fut provoquée par un fâcheux incident : le 6 avril 1901, un Français, M. Pouzet, fut assassiné au cap de l'Eau ; le gouvernement, aussitôt, demanda satisfaction au sultan, mais comme l'indemnité réclamée se faisait attendre, *le Pothuau* et *le Du-Chayla* furent envoyés à Tanger.

Devant cette démonstration navale, Abd-el-Aziz se décida à régler les affaires pendantes et envoya à Paris une mission, à la tête de laquelle se trouvait son ministre des affaires étrangères, Si-Abd-el-Kerin-ben-Sliman. Ce dernier signa avec M. Delcassé le *Protocole du 20 juillet 1901*.

On y décidait la modification du traité de 1845, à propos de la frontière algéro-marocaine.

Comme nous l'avons vu, la délimitation faite entre les deux pays, à ce moment-là, était très défectueuse ; pas de limites bien fixes à partir de l'endroit où l'oued Adjeroud devient l'oued Guir. Le traité n'avait fait de répartition, ni de tribus, ni de ksours ; or, cette répartition s'imposait, car certaines tribus situées dans ces régions non définies, se considéraient comme indépendantes : il devenait dès lors urgent de les placer sous l'autorité de l'un des deux pays.

Le protocole fixa donc, qu'une commission de seize membres, partie française, partie marocaine, irait opérer la délimitation des frontières des deux nations ; puis que pour assurer le bon ordre dans les régions de Figuig et d'Oudjda, on instituerait deux commissaires nommés, l'un par la France, l'autre par le sultan, chargés de se concerter sur les mesures de police à prendre à la frontière.

Enfin, la commission mixte devait obtenir la soumission de deux tribus nomades, les Doui-Menia et les Oulad-Djerir, qui, situées à la jonction de l'oued Guir et de l'oued Zousfana, pillaient nos caravanes et attaquaient nos convois militaires (notamment, au combat d'El-Moungar, en juillet 1900).

Les deux chefs de la mission furent : pour la France, le général Cauchemez, et si Mohammed-el-Guebbas pour le Maroc,

La commission commença ses travaux en 1902, mais elle rencontra devant elle de grandes difficultés ; certains ksours même, l'accueillirent par des menaces, et, dès le mois de mars, elle fut obligée de se replier pour ne pas être attaquée par les Doui-Menia, une des deux tribus dont elle devait obtenir la soumission.

Si-Mohammed-el-Guebbas et le général Cauchemez, de retour à Alger, y signèrent l' « *accord du 20 avril 1902* », « pour compléter le traité de 1845 et le protocole « de 1901, afin d'affermir l'entente des deux gouverne- « ments au sujet de leur frontière. »

C'était l'abandon de la nouvelle délimitation promise dans le protocole de 1901 et la renonciation de la commission à la poursuite de ses travaux : l'ancienne frontière subsistait toujours, incertaine et mal définie.

L'accord du 20 avril comportait seulement les quelques mesures d'ordre et de sécurité suivantes.

Dans l'article premier, la France promettait au Maroc son appui, pour consolider l'autorité de celui-ci sur les tribus installées depuis l'Oued-Kiss, jusqu'à Figuig.

L'article 2, prévoyait la création de postes de douane et de marchés, le long de la frontière : l'article 3, des marchés mixtes à Raz el-Ain, Béni-Ounif et Kénadsa.

Dans les articles 4 et 5, on stipulait une ligne douanière jusqu'au Teniet-el-Sassi, mais pas au delà ; la perception fiscale serait faite chaque fin d'année, par évaluation générale du mouvement des marchandises.

Enfin, les articles 6, 7 et 8 formulaient qu'il serait établi des postes de garde le long de la frontière.

Mais, alors, la France entreprend sa politique de *réalisation* ; à partir de 1903, on va *réaliser* (mot de Guebbas), ce que chacun des contractants espère des accords passés ; on ne fait pas attention que l'on n'a pas encore achevé la politique d'assurances, que la France et le Maroc ne sont pas liés par des engagements définitifs et publics et qu'un tiers pourra, quand il voudra, venir se mêler à ce tête à tête.

La preuve en est, qu'après deux années, jour pour jour presque, de cette réalisation, Guillaume II viendra à Tanger se déclarer l'ami, le défenseur et le seul allié du sultan.

En effet, rien de définitif n'avait été conclu ; et l'accord d'Alger, pas plus que le Protocole de 1901, n'étaient de véritables traités pouvant engager les deux nations.

Pourtant, lorsqu'en avril 1905 M. Loubet se rendit à Alger, el-Guebbas devait aussi y venir ; il était entendu que le Président garantirait formellement au sultan l'intégrité de son territoire et que d'autre part, el-Guebbas affirmerait au chef du gouvernement français, que le Maroc n'aurait plus recours à d'autres puissances que la France, pour la proclamation et le maintien de l'autorité d'Abd-el-Aziz.

On aurait eu là une déclaration publique de l'entente des deux pays, désormais irrévocable, et opposable aux autres puissances. Mais l'organisateur de cette entrevue solennelle, M. Revoil, notre ministre à Tanger, avait donné sa démission quand M. Loubet et el-Guebbas (que *le Du-Chayla* était allé prendre le 10 avril à Larache), se rencontrèrent à Alger : au lieu des affirmations politiques prévues, le Président et le ministre d'Abd-el-Aziz n'échangèrent que des paroles de courtoisie.

Ce fut une faute de notre part que comprit bien l'envoyé du sultan, et qu'il nous fit sentir quelques mois plus tard, lorsqu'en revenant d'Oudjda fin août, il dit à M. Jonnart notre gouverneur d'Algérie, en prenant congé de lui pour se rendre à Fez : « *finies les affaires* ». Il prouvait par là, que nous n'avions pas su profiter de l'occasion pour rentrer en accords définitifs avec son maître.

L'échec de la mission franco-marocaine avait redoublé l'audace des tribus pillardes de l'extrême-sud, qui ne cessaient d'attaquer nos postes et nos caravanes. La situation devint si grave, que M. Jonnart lui-même, fut obligé d'étudier, de concert avec les autorités militaires, le moyen de frapper, conformément au droit de suite que nous avions, les tribus de la région marocaine qui recueillaient nos agresseurs.

Mais, ce qui prouve la hardiesse et l'audace de ces pillards, il fut lui-même attaqué, lorsqu'il se dirigeait vers Beni-Ounif par le col de Zenaga, par les gens du Figuig, le 31 mai.

Cet attentat ne resta pas impuni : le 8 juin Figuig fut bombardé par nos troupes ; mais chose incroyable, la France ne profita pas de cette occasion pour occuper l'oasis, foyer d'insurrections permanentes et repaire de tous les brigands de l'extrême-sud Oranais.

Au contraire, nous prêtions encore notre concours au Maroc : la région d'Oudjda s'étant révoltée, nous facilitions le passage des troupes du Maghzen sur le territoire Algérien (d'Oran à Lalla-Maghnia), et nous leur expédions même des fusils et des cartouches ; enfin, grâce à nous, les troupes du sultan occupèrent Oudjda le 11 août 1903.

Il est vrai qu'en compensation de ce service, nous obtenions l'autorisation d'installer dans cette ville une mission militaire, pour instruire les troupes marocaines.

Après les affaires de Taghit (20 août) et d'El-Moungar (2 septembre), le colonel Lyautey succéda au général O'Connor sur la frontière Oranaise et grâce à une politique énergique mais douce à la fois, il rétablit un peu de tranquillité dans ces contrées, sans effusion de sang.

Mais, négocier avec le Maroc n'était pas suffisant ; la France devait aussi songer aux nations européennes pouvant avoir des intérêts, directs ou indirects, dans l'empire Chérifien. Il fallait traiter avec elles et s'assurer, en leur offrant des compensations, leur assentiment à la politique de réalisation que notre gouvernement voulait entreprendre.

Dès décembre 1900, le marquis Visconti-Venosta, ministre des affaires étrangères d'Italie, signait avec nous un protocole de désintéressement mutuel, que confirma le 1er novembre 1902 M. Prinetti, qui l'avait remplacé au ministère. Il y était dit que l'Italie n'inquiéterait pas la France dans ses vues sur le Maroc et que celle-ci, en retour, lui laisserait toute liberté en Tripolitaine.

Avec l'Espagne, M. Delcassé essaya de « s'arranger » en 1902 : il fut même dit qu'il avait signé un accord au mois de novembre de cette année-là avec M. Léon y Castillo. Dans cet accord, paraîtrait-il, les deux nations, après s'être engagées à respecter et défendre la neutralité des provinces de Tanger et de Tétouan, se seraient partagé le Maroc en deux sphères d'influence, l'une Espagnole, l'autre Française.

Comme nous l'avons vu précédemment, cet *accord* ne fut pas signé, car l'Espagne était trop exigeante et voulait pour elle une trop belle part dans le partage présumé.

Madrid essayant alors de se passer de nous, c'est vers l'Angleterre que se tourna notre politique ; ici, nous allions profiter de son antagonisme avec l'Allemagne pour traiter avec elle. Nous avons déjà, à propos des influences anglaises au Maroc, détaillé les circonstances qui amenèrent la signature de l'accord franco-anglais de 1904 ; nous en avons de même analysé la teneur, en ce qui concerne nos engagements vis-à-vis de l'Egypte et de la côte marocaine : nous allons seulement, dans quelques lignes, relater les droits que Sa Majesté britannique nous reconnaissait sur l'empire chérifien.

« Le gouvernement de la République Française dé-
« clare qu'il n'a pas l'intention de changer l'état politi-
« que du Maroc.

« De son côté, le gouvernement de S. M. britannique
« reconnaît qu'il appartient à la France, notamment
« comme puissance limitrophe du Maroc sur une
« vaste étendue, de veiller à la tranquillité de ce pays,
« et de lui prêter son assistance pour toutes les réfor-
« mes administratives, économiques, financières et mi-
« litaires dont il a besoin.

« Il déclare qu'il n'entravera pas l'action de la France
« à cet effet, sous réserve que cette action laissera in-
« tacts les droits dont, en vertu des traités, conventions
« et usages, la Grande-Bretagne jouit au Maroc, y
« compris le droit de cabotage entre les ports maro-

« cains, dont bénéficient les navires anglais depuis « 1901. »

L'engagement signé *le 8 avril 1904 à Londres*, était valable pour trente ans : nous y assurions la situation de l'Angleterre en Egypte ; elle nous reconnaissait quelques droits au Maroc, mais elle s'y réservait l'accès commercial le plus large possible ; c'était pour elle trente ans de porte ouverte dans l'empire chérifien.

Quelques mois après la signature de ce traité, l'Espagne, qui n'avait pas réussi à trouver auprès de l'Allemagne et de l'Angleterre l'appui qu'elle désirait pour sa politique marocaine, songea à reprendre les négociations de 1902.

Le 3 octobre 1904, M. Delcassé et M. Léon y Castillo, marquis del Rio Muni, ambassadeur d'Espagne à Paris, signaient l'accord suivant :

1° Les deux gouvernements admettent l'intégrité de l'empire chérifien sous la suzeraineté du sultan.

2° Le gouvernement Français reconnait l'existence des intérêts qui résultent pour l'Espagne de ses possessions sur la côte marocaine.

3° L'Espagne reconnait la prééminence politique de la France au Maroc.

(Cette reconnaissance de nos droits était incontestable, puisque pour arriver à signer cette déclaration, l'Espagne avait dû adhérer à la Convention franco-anglaise du 8 avril 1904, qui admettait notre prédominance dans l'empire Chérifien.)

4° La France associe l'Espagne à ses plans de pénétration pacifique dans la partie du Maroc où cette pénétration lui sera possible ; mais, elle ne fait aucune concession, de nature à exclure son action éventuelle d'une région quelconque de l'empire du Maghzen.

Enfin dans cet accord, on envisageait une collaboration économique, et aussi des modalités hypothétiques d'une action défensive de police, que l'anarchie croissante pourrait rendre un jour nécessaire.

Nous avons abandonné les relations franco-marocaines en 1903, pour nous occuper des conventions italo, anglo et hispano-françaises : qu'avons-nous à relater sur nos rapports avec le Maroc depuis lors, jusqu'à fin 1904 ?

Peu de chose : pendant tout 1903, nous avons prêté des secours militaires au Maghzen contre le prétendant et les rebelles ; nous lui avons fourni des munitions, des approvisionnements, etc.. ; comme remerciement, il fait un emprunt en Espagne cette même année.

Nous arrivons ainsi à 1904, mais alors il a dépensé les fonds avancés l'année précédente, ses caisses sont vides ; que fait-il ? Il s'adresse à nous, à la France, son « *sûr et véritable ami* », et bien entendu, nous accédons à sa demande. Le 12 juin 1904, Abd-el-Aziz signe un emprunt avec un syndicat de banques françaises : cet emprunt est de 62 millions cinq cent mille francs, au taux de 5 0/0, pris ferme à 80 0/0 par les établissements contractants, et amortissable en trente six ans. Il est négocié sur place de Paris par l'intermédiaire de la *Banque de Paris et des Pays-Bas*, agissant pour le compte des établissements de crédit, prêteurs.

« Cet emprunt est garanti spécialement et irrévoca-
« blement, par préférence et priorité à tous les autres,
« par *la totalité du produit des douanes de l'empire*, et
« subsidiairement par la totalité de ses autres ressour-
« ces (article 11).

« Tous les droits issus du contrat d'emprunt sont
« exercés par un représentant des porteurs de titres, as-
« sisté de délégués et d'agents, tous placés, en raison de
« leurs fonctions, sous la protection de la légation de
« France au Maroc (article 12). »

« L'encaissement des droits de douane s'opérera par
« les soins des fonctionnaires du gouvernement impé-
« rial du Maroc ; mais le représentant des porteurs de
« titres nommera auprès de chacune des douanes un
« délégué, qui, ainsi que le représentant des porteurs,
« aura le droit de contrôle et d'enquête pour tout ce
« qui concerne les affaires de la douane auprès de la-
« quelle il sera accrédité, et auquel devra être remis jour-
« nellement l'état des encaissements, à l'entrée et à la
« sortie (article 18). »

Un prélèvement de 60 0/0 devait être opéré sur ces recettes pour le service des coupons. Ce fut M. Regnault, consul général de France à Genève, qui fut mis à la disposition du syndicat des porteurs français de la Dette marocaine et chargé de le représenter. Il faut enfin ajouter qu'un droit de préférence, en matière d'emprunts, de frappe-monnaie, d'achat ou vente d'or et d'argent, était expressément reconnu au syndicat français et lui permettait de s'approprier, à conditions égales, toute proposition formulée en vue de l'une quelconque de ces opérations par un établissement concurrent, quel qu'il fut.

Fin juin 1904, Ben-Sliman, ministre des affaires étrangères du sultan, prévient M. Saint-René Taillandier, notre consul général à Tanger, que le Maghzen désireux de mettre la garnison de cette ville en meilleur état, allait la pourvoir de quelques pièces d'artillerie et que l'instruction des artilleurs serait confiée à un officier français d'Algérie, le lieutenant Sedira.

Peu après, sur une remarque de M. de Saint-Aulaire, qui lui signale l'insuffisance de ces mesures, Abd-el-Aziz décide ceci :

« Un officier français, du grade de capitaine, sera « chargé de présider à la réorganisation de la garnison « de Tanger, où le lieutenant Se lira est déjà chargé de « former une section d'artillerie : trois sous-officiers « algériens seront adjoints au capitaine français. »

(Ce fut le capitaine Fournier que l'on chargea de réorganiser la police et les troupes de Tanger).

Mais voilà que le 19 décembre, le délégué du sultan à Tanger, Si-Mohammed-el-Torrès, notifie aux ministres de France, d'Italie et d'Angleterre, que le sultan vient de décider, par mesure d'économie, de congédier tous les employés étrangers qu'il avait à Fez et à Tanger. La mission française surtout était visée ; avec elle devait disparaître le fameux caïd Mac Léan, le major Ogilovy et les italiens employés à l'arsenal fondé à Fez par leurs compatriotes. Il semblait que c'était la rupture ; la France protesta énergiquement et le Maghzen revint sur sa décision.

Nous arrivons à la fin de 1904, au moment où va se préparer le coup de théâtre de Tanger et, par celà même, la conférence d'Algésiras : pour terminer l'étude de notre influence au Maroc, nous allons parler de quelques institutions françaises dans ce pays ; ce sont : le Lazaret de Mogador, l'hôpital français de Tanger et les écoles françaises au Maroc.

Lazaret de Mogador :

L'île de Mogador avait bien été désignée par le sultan, comme nous l'avons déjà vu, pour servir de lieu de débarquement aux navires suspects, retour d'Arabie, avec des pèlerins : (en réalité jusqu'à 1900, le lazaret n'avait pu être utilisé qu'une dizaine de fois). Depuis 1904, il a été décidé que la France s'occuperait de son fonctionnement : chaque année un médecin est donc envoyé d'Alger à Mogador, à l'époque du pèlerinage de la Mecque, et y séjourne quatre mois.

Hôpital Français de Tanger :

Il a été fondé en 1893 avec le reliquat d'une indemnité versée par le Maghzen, produisant une rente annuelle de 4,000 francs. Le gouvernement de l'Algérie a donné une somme de 10,000 francs, d'abord, et ensuite il verse une subvention annuelle de 1,200 francs.

L'hôpital a un dispensaire donnant plus de 3,000 consultations par an : son service est assuré par deux médecins français et un infirmier ; il a dix-huits lits.

Ecoles Françaises au Maroc :

Nos écoles, (celles notamment, de l'alliance française et de l'alliance israélite universelle), comprenaient en 1903 2,450 élèves, avec un budget annuel de plus de 100,000 francs. A citer, en outre, l'école franco-arabe de Tanger qui est patronnée par la légation de France et fonctionne depuis 1898 ; enfin, une école française pour les européens, qui est ouverte depuis 1903 dans cette même ville.

SECTION III

Les Influences internationales depuis 1880

A). — La Commission d'Hygiène de Tanger

Jusqu'en 1889, Tanger était comme toutes les autres villes orientales non européanisées, sans organisation municipale ; la voirie y était déplorable et les rues et les places remplies d'immondices. Pourtant Tanger était la ville de résidence des représentants des nations étrangères, le centre du commerce international marocain, et, de ce fait, le port où se trouvaient le plus d'européens. Ceux-ci, jusqu'alors, avaient été obligés de vivre au milieu de cette incurie orientale, absolument rebelle aux principes de l'hygiène la plus élémentaire.

Mais en 1889, un groupe de notables étrangers (treize), forma une sorte de corporation municipale, sous le nom de *Commission d'Hygiène*. Cette commission commença à agir sans mandat régulier, et établit une certaine propreté dans la partie de la ville occupée par les européens.

Comme ressources, elle avait le produit des souscriptions consenties par les étrangers résidant en ville, et des subsides fournis par la commission d'hygiène qui les lui accordait volontiers, car il s'agissait de faire régner un commencement de propreté dans la ville où résidait cette même commission, formée comme nous le savons, par le corps diplomatique.

Depuis trois ans, cet embryon de commission d'hygiène menait donc une existence assez précaire, lorsqu'en 1892, le comte d'Aubigny se rendit auprès de Mouley-Hassan, à Fez, et obtint de lui une délégation de pouvoirs pour Tanger, en faveur du *Conseil sanitaire*.

Cette délégation de souveraineté n'était, du reste, valable que pour le quartier exropéen ; le quartier arabe (Casbah), devait rester en dehors de l'action directe de la commission d'hygiène et le *Mohtceeb*, ou prévôt des marchands, devait y conserver les soins de la voirie.

La commission d'hygiène eût alors des ressources fixes et assurées, qui comprenaient :

1° Une partie des droits d'abattoir, (l'autre restant perçue par le Mohteceb) ;

2° La moitié des revenus de l'appontement construit à Tanger ;

3° Des redevances, dites « de Travaux publics » ; sommes perçues sur les riverains des rues pavées par les soins de la commission, suivant la valeur de leurs immeubles ;

3° Des taxes municipales établies sur le quartier européen.

A partir de cette époque, la commission d'hygiène de Tanger marcha assez régulièrement, sous la présidence d'un membre du corps diplomatique, dont elle n'est qu'une dépendance. En 1903, on modifia sa constitution comme suit : treize membres élus comme par le passé parmi les membres de la colonie européenne ; mais en plus, des délégués officiels du gouvernement marocain et des légations étrangères.

B). — Le Sémaphore du Cap Spartel

Les armateurs réclamaient depuis longtemps l'établissement d'un sémaphore à côté du phare érigé au cap Spartel : relié par télégraphe à Tanger et de là par câbles à l'Europe, il permettrait de signaler le passage des navires.

La légation Britannique se chargea, au nom du Lloyd,

de sa construction ; mais la France vit le danger que pourrait présenter, en cas de guerre, la possession par l'Angleterre, de ce sémaphore, qui était en relation directe avec Gibraltar. Elle entra en négociations avec Londres et le 27 janvier 1892, intervint un accord anglo-français, réglant l'affaire, et par le fait, internationalisant le sémaphore ; accord qu'approuvèrent : *la Russie, les Etats-Unis, la Grèce, l'Allemagne, l'Italie, la Hollande, la Belgique, le Brésil, le Danemark, la Suède, la Norvège, l'Espagne et le Portugal.*

Le gouvernement marocain notifia son adhésion à cette convention au mois d'avril 1894.

Voici les clauses de cet accord :

« 1° Les agents diplomatiques et consulaires établis « au Maroc, ont le droit d'inspecter le sémaphore, toutes » les fois qu'ils le jugeront convenable ;

« 2° Chaque année, le Lloyd leur remettra un rapport « sur le fonctionnement de ce sémaphore.

« 3° En cas de naufrage ou d'autres accidents de mer, « le Lloyd préviendra par télégraphe le représentant de « la puissance intéressée ;

« 4° Avant de mettre à exécution son règlement, le « Lloyd le soumettra aux représentants des puissances « à Tanger, et il est entendu que les taxes seront les « mêmes pour tous navires ;

« 5° Dans le cas où la Compagnie du Lloyd viendrait, « dans la suite, à changer les articles de son règlement, « elle devrait en aviser les représentants étrangers.

« 6° Le drapeau Marocain sera arboré sur le séma-
« phore, qui sera gardé par des soldats marocains ;
« 7° En cas de guerre, à la demande d'une des puis-
« sances intéressées, le sémaphore sera fermé. »

C) Les Postes Européennes au Maroc

Quatre nations ont établi des services postaux, tant sur les côtes marocaines, que dans quelques villes de l'intérieur ; ce sont, d'après l'importance de leur réseau, la France, l'Allemagne, l'Espagne et l'Angleterre ; c'est à Tanger que sont centralisés, pour chacune d'elles, les différents services. La France occupe la première place, tant par l'étendue de son réseau, que par l'importance de ses relations postales : elle dessert quatorze villes ; de plus, c'est la seule qui assure le recouvrement des effets de commerce et effectue certains transports de marchandises dans l'intérieur du pays.

Elle n'a guère, comme concurrente sérieuse, que la poste allemande, avec dix localités desservies ; le service espagnol est restreint, en effet, à sept villes, sans grand trafic ; quant à la poste anglaise, nous ne faisons que la mentionner, car son importance est des plus minimes.

Poste Française :

Son service s'exécute d'après les règles de notre administration des Postes et Télégraphes ; les lettres du Maroc pour le Maroc paient 10 centimes.

La recette principale se trouve à Tanger ; nous avons

ensuite neuf recettes ordinaires, qui sont : *Ksar-el-Kebir, Fez, Larache, Rabat, Casablanca, Mazagan, Safi, Mogador* et *Tétouan ;* enfin, cinq bureaux auxiliaires à : *Fez-Mellah, Méquinez, Arzila, Salé* et *Merrakech.*

Les relations postales sont assurées par trois lignes principales, qui partent de Tanger, et deux annexes.

Lignes principales :

1° *Courrier de la côte* (le plus important), dessert Arzila, Larache, Salé, Rabat, Casablanca, Mazagan, Safi, Mogador ; la moyenne du trajet est de sept jours et demi ;

2° *Courrier de Fez, Méquinez :* Fait en trois jours le trajet de Tanger à Fez, desservant El-Ksar-el-Kebir et Fez-Mellah, et poursuit jusqu'à Méquinez où il arrive le quatrième jour ;

3° *Courrier de Tétouan.* — Parcourt, en seize heures environ, le trajet entre Tanger et Tétouan.

Lignes annexes :

La première va de Larache à El-Ksar-el-Kebir (trajet en cinq heures) ; quant à la seconde, elle dessert Merrakech, où un courrier se rend à Mazagan en quarante-six heures.

La poste française accepte aussi, en plus des lettres, certains transports de marchandises à effectuer d'un point à l'autre de l'intérieur du pays, ou de la côte à une ville intérieure. Mais elle ne prend, eu égard à l'insécurité et à l'imperfection des moyens de communication, que des petits paquets peu volumineux, et de poids minime ; elle n'accepte pour ces transports à l'intérieur, aucune déclaration de valeur. Au contraire, pour les ports de la côte, Tanger, Larache, Rabat, etc., les agences des Compagnies de navigation françaises, acceptent les colis postaux émanant de tous les pays faisant partie de l'union postale. A ce propos, voici les noms des Compagnies françaises qui desservent les côtes marocaines :

La *Compagnie de navigation mixte* (Touache) ; la *Compagnie de navigation à vapeur* (Fraissinet) ; la *Société générale de transports maritimes à vapeur* ; la *Compagnie de navigation marocaine et arménienne* (Paquet) ; cette dernière est celle qui a les relations les plus importantes avec le Maroc, elle est à la fois une entreprise de transports maritimes et une agence commerciale. Ces quatre Sociétés ont leur port d'attache à Marseille. On peut encore citer la *Compagnie Castanié*, d'Oran, qui fait le cabotage sur quelques ports marocains et la *Compagnie Havraise Péninsulaire de Navigation à vapeur*, dont quelques vapeurs font escale à Tanger. Les quatre premières Compagnies sont, du reste, les seules qui effectuent le transport des colis postaux.

La poste française, avons-nous dit, assure aussi le recouvrement des effets de commerce ; grâce à elle, on peut effectuer des paiements ou faire rentrer des créances commerciales,

1° Pour les paiements, elle accepte *les chargements* pour les villes de Tanger, Casablanca, Mazagan et Mogador ; les mandats-poste pour *toutes les recettes ordi-*

naires ; ni les uns ni les autres pour les *bureaux auxiliaires.*

Il est perçu pour les chargements les mêmes taxes qu'en France ; pour les mandats-poste, un droit de cinq centimes par cinq francs jusqu'à 50 francs ; de cinq centimes par dix francs pour la partie excédant 50 francs ; enfin, la somme adressée par mandat-poste ne peut pas excéder, pour chacun d'eux, mille francs. Ces mandats sont payables en monnaie française, sauf stipulation contraire, cas dans lequel il est perçu, à l'émission, un droit supplémentaire de un pour cent.

Les bureaux de Tanger, Casablanca, Mazagan et Mogador, précités pour le service des chargements, acceptent, en outre des mandats-poste français, les mandats internationaux ;

2· La poste française fait aussi le recouvrement des effets de commerce dans ses divers bureaux ordinaires du Maroc, à la condition qu'ils ne soient pas protestables et que leur valeur ne dépasse pas deux mille francs. Elle perçoit pour cela un droit fixe de 0,25 centimes par valeur à recouvrer et expédie le montant du recouvrement à la personne intéressée, sous déduction de : 1·, 0,10 centimes par 20 francs ou fraction de 20 francs, avec minimum de 50 centimes ; 2·, le coût du mandat-poste ; 3·, le droit de 0,25 centimes par effet. La moyenne des mandats émis par la Poste française, du Maroc au Maroc, était en 1903-04, de cent à cent vingt mille par mois. Les recettes à la même époque, étaient, net, de

93.000 francs pour un coût d'exploitation de 67.000 francs.

Poste Allemande :

Elle dessert neuf villes dans les lignes de son administration ; une dixième, Merrakech est en communication avec Mogador, au moyen d'un service particulier.

Son service se décompose ainsi :

1° Un courrier de *Tanger à Fez par el-Ksar-el-Kébir.*

2° Une ligne de *Tanger à Mogador,* desservant Larache, Rabat, Casablanca, Mazagan et Safi.

3° La ligne particulière de *Mogador à Merrakech,* de la maison Carl-Ficke.

Poste Espagnole :

Comme le service français, elle prend 10 centimes pour les lettres du Maroc au Maroc. Elle a deux services, le premier va de *Tanger à Salé,* en desservant Arzila ; le second part de *Ceuta* et arrive jusqu'à *Méquinez,* en passant par Tétouan et Fez.

Le service postal des nations européennes est assuré au Maroc par des courriers à pied du nom de *Rekkas,* qui font jusqu'à 50 kilomètres par jour.

Télégraphes :

Sauf le fil qui relie le sémaphore du cap Spartel à Tanger (12 kilomètres), et qui a été installé comme lui par le Lloyd anglais, il n'y a pas de lignes télégraphiques dans l'intérieur du Maroc. Seuls des câbles appartenant à des nations européennes, et qui partent tous de Tanger, font communiquer l'empire des Chérifs avec le monde civilisé. Ces câbles sont au nombre de quatre et trois d'entre eux rejoignent la côte Ibérique ; le dernier va à Oran.

Ils se décomposent ainsi :

Un câble Anglais sur Gibraltar.

Un câble Espagnol sur Tarifa.

Deux câbles Français ; le premier sur Cadix, le second sur Oran : à propos de ce dernier, la taxe est fixée à 0.15 centimes par mot pour l'Algérie, et 0.20 centimes pour la France. Les câbles français ont servi en 1903, à l'expédition de 18.000 télégrammes, avec 340.000 mots.

D) Les relations commerciales du Maroc avec l'Europe

Le principe de la liberté de commerce fut affirmé dans la plupart des conventions intervenues entre les nations européennes et le Maroc dès le dix-huitième siècle. Au fond, ce n'était pendant longtemps qu'une déclaration sans valeur, les Chérifs taxant à leur gré les droits de sortie des divers produits marocains et agissant de même pour les importations étrangères.

Importations : Néanmoins, depuis 1880, pour certaines nations, et 1890 pour les autres, les droits sont à l'entrée de 10 0|0 *ad valorem* sur toutes les marchandises : une exception est accordée, depuis 1892, à la France, pour les bijoux or et argent, les tissus de soie, les pierres précieuses vraies ou fausses, les galons d'or, les vins, les liqueurs et les pâtes alimentaires, qui ne paient que 5 0|0.

Si, moyennant le paiement de ces droits, les nations européennes peuvent vendre au Maroc ce que bon leur semble, il leur est, malgré cela, interdit d'y importer : des armes, des munitions de guerre ou de chasse, du salpètre, du soufre, de la poudre.

Exportations : Les sultans ont longtemps prohibé, comme nous l'avons dit plus haut, et selon leur bon plaisir, la sortie de tels ou tels produits, notamment celle des céréales. Ils se figuraient que leur exportation ferait hausser les prix à l'intérieur et amènerait la famine ; de plus, ils craignaient que le développement commercial de leur empire, ne les oblige à avoir des rapports plus étroits avec l'Europe et ne leur permette pas de rester isolés des peuples chrétiens.

A la suite du traité Germano-Marocain de 1890, Mouley-Hassan autorisa l'exportation du blé et de l'orge en 1891, moyennant une taxe de 2 fr. 50 centimes par *Cantar,* c'est-à-dire par cent livres du pays, ou 54 kilos ; cette autorisation ne dura guère que trois ans et fin 1893, ces céréales furent encore frappées d'interdiction à la sortie.

Abd-el-Aziz permit de nouveau leur exportation en 1901 et y adjoignit, moyennant une taxe de 5 0|0 *ad valorem,* celle des pommes de terre, tomates, bananes, pois verts, etc... Depuis cette époque les céréales et les fruits marocains s'exportent régulièrement.

S'exportent encore du Maroc :

Des huiles, des armes de Merrakech et de Tétouan, des cuirs de toutes sortes (parmi lesquels il faut citer les cuirs de chèvre, rouges ou jaunes, du Tafilet, dits Filali et des maroquins ouvragés), des tapis de Rabat et de Salé (vraies imitations de Damas), des tissus de laine de Fez, des broderies sur velours, de l'orfèvrerie, de la poterie, des faïences peintes, des bijoux de femme, des objets de cuivre ciselé, des bestiaux, etc...

La France : exporte du Maroc, des huiles d'olive, du bétail (par l'Algérie), de la cire, des peaux, de la laine, des pois-chiches, des amandes, du cuir.

Elle y importe : des soieries, des semoules, des allumettes (Algérie), des farines, du sucre, du papier, des bougies (peu maintenant, depuis que la Belgique et l'Angleterre lui vendent des bougies de parraline que nous ne pouvons lui fournir à des prix assez bas), du bois de construction, du fer, du café.

L'Angleterre : exporte des lentilles, de la gomme, de la laine, des citrons des fèves, des amandes ; tous les comestibles et l'eau même, nécessaires à Gibraltar.

Elle importe : des bougies, des cotonnades, du thé de Ceylan, du papier, de l'acier, des conserves, de la bière allemande (Lager).

L'Allemagne : exporte des peaux, des œufs, de la laine, de la cire.

Elle importe : de la quincaillerie, du papier, du satin,

des draps, de la bière, de l'alcool de grains, de l'horlogerie, de la verrerie.

La Belgique : importe des bougies (parrafine), des briques, des tuiles, de la porcelaine, de faïence, du sucre, du fer.

L'Espagne : exporte du bétail, des pois-chiches, des lentilles, des œufs, de la cire, du maïs.

Elle n'importe rien, ou presque rien.

L'Autriche : importe, de la verrerie, des draps.

Le commerce du Maroc avec l'Europe, importations et exportations comprises, dans les années qui précédèrent la conférence d'Algésiras, a varié entre 110 et 78 millions.

On peut le répartir ainsi de 1901 à 1905.

Tanger	:	de 15 à 20 millions de francs.
Casablanca	:	id. id.
Mogador	:	15 millions de francs.
Mazagan	:	id. id.
Larache	:	de 15 à 16 millions de francs.
Safi	:	de 5 à 6 millions de francs.
Rabat	:	4 millions de francs.
Tétouan	:	2 — —
Algérie	:	15 — —
Présides	:	1.500.000 francs.

(Ces chiffres, bien entendu, ne donnent qu'une moyenne approximative et seraient même trop élevés si l'on considérait les années 1904 et 1905).

Le commerce se décompose par nations et années, à peu près de la façon suivante, *en chiffres ronds.*

	1901	1902	1903	1904	1905	Millions
France et Algérie	38	33	35	30	36	»
Angleterre......	36	43	45	39	23	»
Allemagne.......	7	9	10	11	7	»
Espagne.........	8	9	8	7	3	»
Divers..........	11	9	11	10	9	»
TOTAL... ...	100	103	109	97	78	Millions

On peut répartir ainsi le pourcentage.

	1901	1902	1903	1904	1905	%
France et Algérie	38	31.1	31.7	30	46.3	%
Angleterre......	36.2	41.6	41.1	40.1	29.5	%
Allemagne.......	7.3	9.01	9.6	11.1	9.9	%
Espagne.........	8.3	8.4	7.2	7.7	4.02	°/
Divers..........	10.2	9.89	10.4	11.1	10.28	%
TOTAL......	100	100	100	100	100	°/

En terminant ce chapitre, nous avons enfin à donner l'énumération des journaux européens qui paraissent au Maroc ; ce sont :

Français : La Dépêche Marocaine (quotidien) — *Le Maroc — Le Journal du Maroc — L'Essâada,* journal arabe d'inspiration française.

Anglais : El Maghreb el Aqça.

Espagnols : El Eco Mauritano — El Porvenir.

CHAPITRE IV

Des Circonstances qui amenèrent la Conférence de 1906

« De Tanger à Algésiras »

CHAPITRE IV

Des Circonstances qui amenèrent la Conférence de 1906

« De Tanger à Algésiras »

Expliquer les circonstances qui ont amené la Conférence d'Algésiras, c'est aborder l'étude de cette étape diplomatique qui se déroula entre Berlin et Paris pendant presque toute l'année 1905, et suivit les accords franco-anglais et franco-espagnol de 1904, relatifs, au Maroc ; c'est décrire cette fameuse, *Affaire*, que Guillaume II vint tout à coup soulever à Tanger, à leur sujet.

En analysant ces longues et difficultueuses discussions franco-allemandes, capables à chaque instant d'amener une rupture entre les deux nations, nous allons donc entreprendre l'étude de cette campagne francophobe dont l'issue nous amena à Algésiras.

Les griefs de l'Allemagne (ou plutôt le prétexte invoqué par elle, pour se mêler aux affaires marocaines), étaient basés sur le fait que la France aurait manqué vis-à-vis d'elle, aux égards que les nations se doivent entre elles, et aux règles essentielles des rapports internationaux, en ne lui faisant pas part de ses accords avec l'Angleterre et l'Espagne.

Voici, du reste, la relation historique de cette longue polémique.

Vers la fin du mois de janvier 1905, notre ministre à Tanger, M. Saint-René Taillandier, s'était rendu à Fez, auprès du sultan, pour lui remettre de nouvelles lettres de créance, attestant l'importance de sa mission, dont le but était de lui exposer le programme de réformes que la France comptait entreprendre dans son empire, pour son intérêt et son développement économique.

M. Saint-René Taillandier avait laissé à Tanger, pour le remplacer pendant son absence, M. de Chérisey, chargé d'affaires à l'ambassade.

Le 11 février, M. de Kühlmann, chargé d'affaires à Tanger du gouvernement allemand, déclarait dans un entretien avec M. de Cherisey : « que l'Allemagne n'avait pas été mise au courant de nos accords avec l'Angleterre et l'Espagne, et qu'en conséquence, elle n'était nullement liée par eux et restait libre de sa politique au Maroc et de la sauvegarde de ses intérêts ». Il ajoutait que l'on devait s'attendre à une « *initiative souveraine* », dans laquelle s'affirmerait la conduite que songeait à tenir son gouvernement. Les mêmes propos furent répétés aux ministres d'Angleterre et d'Espagne.

M. de Cherisey prévint aussitôt M. Delcassé de ce que venait de lui communiquer le chargé d'affaires allemand. et M. Bihourd, notre ambassadeur à Berlin, fut chargé de demander des explications au gouvernement impérial sur les propos de son représentant de Tanger.

Le chancelier de Bülow répondit, que l'on avait dû mal interpréter le sens des paroles de M. de Kühlmann; qu'il était exact que l'Allemagne ne se croyait pas liée par les accords franco-anglais et franco-espagnol, auxquels elle n'avait pas pris part, mais que son chargé d'affaires de Tanger n'était pas autorisé. à dire qu'elle n'avait pas été tenue au courant des négociations, car ceci était contraire à la vérité.

Il était difficile de soutenir les affirmations de M. de Kühlmann sur ce dernier point, car dès mars 1904, Berlin, comme nous allons le voir, était au courant de ce que nous allions conclure avec l'Angleterre; en effet, le prince de Radolin, ambassadeur d'Allemagne à Paris, avait dit à M. Delcassé (1).

« Je vais vous poser une question indiscrète : Est-il
« vrai qu'un accord soit signé ou sur le point de l'être
« entre la France et l'Angleterre ? »

Notre ministre des affaires étrangères lui répondit que les deux nations avaient l'intention de s'entendre au sujet du Maroc, mais que rien n'était encore conclu ; il ajoutait :

« Nous voulons maintenir au Maroc l'état politique

(1) *Livre jaune*, p. 122.

« actuel ; mais cet état, pour durer, doit manifestement
« être soutenu et amélioré... Le sultan a pu déjà se con-
« vaincre de l'efficacité de notre aide sur les points où
« il nous l'a demandée. Il s'agit de la lui continuer ;
« mais elle lui sera donnée de telle sorte que tout le
« monde en bénéficiera, notamment au point de vue
« des transactions commerciales, que ne pourra que fa-
« voriser l'établissement de la sécurité, qui est un des
« premiers besoins du Maroc. Il est superflu d'ajouter
« que, sous quelque forme que nous soyons amenés à
» prêter assistance au sultan, la liberté commerciale
« sera rigoureusement et entièrement respectée. »

Voilà donc Berlin renseigné sur ce point; de plus, lorsque quelques jours après, le 8 avril, le traité eut été signé, M. Delcassé chargea M. Bihourd de faire part à M. de Bülow de ses déclarations du 23 mars au prince, de Radolin.

Quant au traité franco-espagnol, M. Bihourd en fit encore part, le 7 octobre, au Chancelier de l'Empire ; il ne lui fut fait aucune objection à ce sujet et le baron de Richtofen, secrétaire d'Etat, déclara même à cette occasion, que l'Allemagne n'attachait qu'un intérêt strictement écomique aux affaires marocaines.

Comme nous venons de le voir, l'Allemagne avait donc bien été renseignée par nous : avant la signature du traité, en ce qui concernait l'accord franco-anglais, et avant la publication de l'accord, en ce qui concerne le traité franco-espagnol. Mais il lui fallait un prétexte pour avoir une « place » au Maroc, et elle clamait à grands cris son exclusion de nos ententes à propos de cet empire Chérifien, sur lequel elle désirait émettre ses prétentions.

Les échos de cette campagne se répandirent un peu partout et le 19 mars 1905, M. Harris, correspondant du *Times*, à Tanger (précisément un de ces deux conseillers intimes qu'Abd-el-Aziz avait dû chasser de Fez pour éviter la révolte dans sa propre capitale), télégraphiait à Londres ;

« Les intérêts commerciaux de l'Allemagne au Maroc « sont importants et ils exigent que le *statu quo* soit « maintenu... L'exclusion de l'Allemagne de toutes les « négociations marocaines l'a naturellement blessée « dans son orgueil, tout en lui laissant la main libre « pour jouer un rôle prépondérant dans la politique « marocaine; et malgré qu'il soit désirable de voir l'Al- « lemagne acquiescer à l'action Française, elle se trouve « dans les limites de ses droits stricts, en poursuivant « une politique particulière.

« Avec, ou sans intention, le ministre de France a « donné à entendre qu'il représentait non seulement la « France, mais toute l'Europe. Aussitôt après la conver- « sation où cela fut dit, le sultan envoya demander une « explication au consul d'Allemagne.

« Le gouvernement allemand fit répondre, que non « seulement l'Allemagne n'avait pris part à aucun des « accords, mais encore qu'elle ignorait officiellement « leur existence et de plus qu'elle était résolue à main- « tenir l'intégrité de l'empire du Maroc. »

Non contente d'intriguer contre nous auprès des reporters étrangers, comme nous venons de le voir, l'Allemagne ne perdit pas son temps à Fez ; son consul, M. Vassel, laissait entrevoir au sultan, qu'il n'avait aucun intérêt à accepter nos propositions, dont le but ne devait tendre qu'à l'affaiblissement de son autorité et à notre mainmise sur son empire. Aussi, Abd-el-Aziz prolongeait-il le plus possible la discussion de notre programme de réformes, que M. Saint-René Taillandier était venu lui soumettre dès le 15 février.

Enfin, le 31 mars Guillaume II débarqua à Tanger, venant ainsi encourager le Maghzen à refuser notre concours : c'était, *l'initiative souveraine*, annoncée par M. de Kühlmann ; elle venait mettre l'Allemagne derrière le Maroc et sous le prétexte de conserver l'indépendance du sultan, affirmer sur son empire des droits plus ou moins douteux.

Le Kaiser s'exprima en ces termes :

« C'est au sultan, en sa qualité de souverain indépen-
« dant, que je fais aujourd'hui ma visite. J'espère que,
« sous la souveraineté du Sultan, un Maroc libre restera
« ouvert à la concurrence pacifique de toutes les nations,
« sans monopole et sans annexion, sur le pied d'une
« égalité absolue. Ma visite à Tanger a eu pour but de
« faire savoir que je suis décidé à faire tout ce qui est
« en mon pouvoir pour sauvegarder efficacement les
« intérêts de l'Allemagne au Maroc, puisque je considère
« le sultan comme souverain absolument libre ! C'est
« avec lui que je veux m'entendre sur les moyens propres

« à sauvegarder ces intérêts. Quant aux réformes que le « sultan a l'intention de faire, il me semble qn'il faut « procéder avec beaucoup de précaution, en tenant « compte des sentiments religieux de la population pour « que l'ordre public ne soit pas troublé. »

Mais quels étaient les véritables motifs de cette mise en scène et de ces déclarations ?

La presse allemande avait bien depuis quelque temps, comme nous l'avons vu, vanté la fertilité du sol marocain et mené une véritable campagne pour pousser la politique germanique vers ces contrées, les représentant comme excellentes pour la colonisation allemande ; mais à toutes ces demandes de « colonisation », Guillaume n'avait pas répondu.

Pourquoi aurait-il changé subitement d'intention, quelles influences l'avaient déterminé à agir ainsi, alors que, la veille encore, au lieu d'essayer de satisfaire les compétitions de ses sujets sur le Maroc, il faisait la sourde oreille ?

Quelques personnes observèrent qu'il y avait depuis quelque temps une marche parallèle entre la politique du kaiser et les événements qui se déroulaient en Mandchourie. Il leur semblait que les revers russes coïncidaient précisément avec les démarches de ses agents auprès du sultan, les insinuations de la presse germanique et les premières manifestations des prétentions allemandes sur le Maroc ; enfin elles trouvaient un rapprochement significatif entre la prise de Moukden, le 10 mars, et la visite de Tanger, le 31. Ces personnes en déduisaient que Guillaume avait profité de ce que nous n'avions plus que l'ombre de la Russie derrière nous, pour ne plus nous ménager, et choisir ce moment pour essayer de réaliser les intentions de ses sujets, en prenant place parmi les nations qui avaient des vues sur le Maroc.

Cette thèse serait peut-être soutenable ; en effet, à première vue, on pourrait remarquer quelques rapprochements entre les mouvements de la politique impériale et les défaites successives des Russes. Pourtant, on peut objecter que la déclaration de M. de Kühlman, annonçant l'initiative impériale, était du 11 février, alors que le désastre de Moukden n'eut lieu que le 31 mars. D'autres, au contraire, ont essayé de voir dans la conduite de Guillaume, une expression de mécontentement contre la politique de M. Delcassé. Ce dernier, pendant son long ministère, avait fait avec un peu tout le monde, nombre d'accords, de conventions et de traités ; or, il n'avait rien conclu avec l'Allemagne.

Ce serait précisément de cet, « isolement », que Guillaume se serait plaint ; car paraitrait-il, il aurait bien tenu à un accord franco-allemand, et ceci à trois points de vue différents.

D'abord, en vue d'une lutte contre l'Angleterre, afin de s'affranchir de sa tyrannie ; ensuite, pour organiser une entente européenne contre les Etats-Unis, afin de combattre leur concurrence commerciale ; enfin, contre l'Extrême-Orient, pour conjurer le péril jaune. Mais, comme nous n'avions absolument aucun intérêt à partir en expédition militaire, à entrer en lutte commerciale et diplomatique contre l'Angleterre ou l'Amérique, et que le péril jaune n'était ni prouvé, ni imminent ; M. Delcassé ne crut pas devoir rentrer dans les vues du kaiser et ne traita rien avec lui.

C'est le refus d'accéder à ses vues politiques qui aurait amené Guillaume à Tanger, pour nous prouver qu'il fallait bien compter avec la puissance allemande, dans la balance européenne.

Une troisième version enfin, faisait remarquer que l'Allemagne, depuis longtemps déjà, s'était tournée vers l'Asie-Mineure ; mais que là, elle se heurtait toujours à l'influence française, car c'était nous qui lui opposions tous les obstacles qu'elle y rencontrait. Guillaume serait donc venu à Tanger, non pour les marocains, qui pour lui, avaient peu d'intérêt ; mais pour tâcher de se faire donner, comme l'Italie, l'Angleterre et l'Espagne, une *compensation*. L'Angleterre avait obtenu sa tranquillité en Egypte ; l'Italie, sa liberté d'action en Tripolitaine ; l'Espagne, une satisfaction pour l'élargissement éventuel de ses Présides; Guillaume voulait la suprématie de l'Allemagne en Asie-Mineure, comme prix de son désintéressement au Maroc.

De ces trois thèses quelle était la bonne? Peu nous importe ; le mal était fait, et un concurrent nouveau et redoutable, venait tout à coup de surgir devant nous; d'autant plus à craindre, que n'ayant en somme aucun droit à prétendre sur l'empire Chérifien, il n'avait pas, comme nous, à ménager la neutralité d'influences concurrentes et pouvait seulement détruire les combinaisons diplomatiques que nous venions de résoudre si laborieusement dans notre intérêt.

Après le discours impérial, la presse allemande organisa une nouvelle campagne gallophobe, préconisant un accord entre les puissances signataires de la Convention de 1880, pour le règlement définitif de la question marocaine. Le 12 avril, le gouvernement impérial, pour bien définir sa position vis-à-vis des tiers, adressa une circulaire aux puissances, pour établir la faute commise par la France, qui avait négligé de lui notifier ses accords ; il y conseillait la réunion d'une conférence et affirmait l'intérêt commun de toute l'Europe à soutenir sa thèse.

C'est alors que la position de M. Delcassé commença à devenir délicate, la politique allemande s'élevant contre lui. Le 13 avril il se rendit chez le prince de Radolin pour lui donner de « *loyales explications* », et lui offrir de dissiper le malentendu ; il lui fut répondu que, sans instructions pour lui répondre, l'ambassadeur ne pouvait que transmettre ses déclarations à Berlin : il n'y avait plus de doute, l'Allemagne ne voulait pas traiter avec lui.

M. Bihourd fut prévenu, et essaya alors de négocier lui-même, mais le gouvernement impérial fit encore la sourde oreille ; il ne voulait pas « s'entendre » avec nous à ce moment-là, espérant tirer, ultérieurement, un meilleur parti de l'embarras dans lequel il avait mis notre ministre des affaires étrangères.

Pendant ce temps, du reste, notre politique au Maroc

subissait un échec complet. Le comte de Tattenbach, ministre d'Allemagne à Lisbonne, fut envoyé en mission auprès du sultan et arriva à Fez le 12 mai : là, il accapara totalement le maghzen et lui fit successivement violer tous les engagements qu'il avait pris envers nous. Le 27 mai les « *notables* », réunis surtout en vue de cacher le double jeu que le sultan jouait contre nous, avec l'appui de l'Allemagne, reprirent la thèse soutenue depuis quelque mois par la presse germanique ; ils conseillèrent la réunion d'nne Conférence internationale, qui devrait examiner les propositions françaises (1). Le 30 mai, le sultan s'appropria cette idée de « *mandat européen* », et affirma que la France, par l'intermédiaire de son plénipotentiaire, lui avait bien présenté son programme de réformes sous le couvert de ce prétendu mandat.

Le comte de Tattenbach réussit à se faire remettre la copie de nos demandes, mais il n'y trouva pas relatés le « *mandat européen* », ni la « *tunisification* » ; (car il faut ajouter que l'Allemagne nous reprochait aussi, d'avoir l'intention de faire au Maroc comme à Tunis, et sous le prétexte d'apporter des réformes dans l'empire du Sultan, de nous immiscer dans son gouvernement et d'opérer une mainmise sur sa souveraineté). Les plaintes allemandes se basaient surtout sur ces deux points précités ; or tout ce que l'on pouvait lire sur notre « pro-

(1) *Livre jaune*, p. 223.

gramme de réformes », n'était sujet à aucune critique. Le ministre allemand se trouvait déçu; rien dans nos propositions ne concordait avec les attaques émanées de Berlin : que faire alors ?

Il n'y avait qu'un moyen, pour donner raison à la campagne germanique : dénaturer la vérité, et c'est ce que fit le comte de Tattenbach. Il nous prêta des intentions absolument opposées à toutes nos déclarations, à tous nos actes; démontrant qu'effectivement nous avions bien l'intention d'accaparer le Maroc, de le « *Tunisifier.* »

Là-dessus, l'Allemagne revint à la charge et laissa de nouveau entrevoir qu'une conférence, à laquelle se rendraient les puissances signataires du traité de 1880, s'imposait. M. Delcassé était d'avis de repousser le principe de cette Conférence, le gouvernement pensait autrement ; M. Delcassé tomba et M. Rouvier lui succéda.

Mais quel fut le résultat de la mission du comte de Tattenbach à Fez ? Elle amena le refus du sultan à notre programme de réformes et l'échec de la mission de M. Saint-René Taillandier. Voici, en effet, la reproduction, d'après le *Times*, des principales raisons sur lesquelles se basa Abd-el-Aziz pour nous évincer :

« Le gouvernement marocain a déjà communiqué à « votre excellence, que la population du Maroc a mis la « condition à l'acceptation des réformes militaires, que « les puissances qui étaient signataires de la Convention « de Madrid, prennent part aux négociations au sujet de « ces réformes. Nous avons soumis à sa Majesté Chéri- « fienne la réponse que le gouvernement Français a ac-

« cordée et par notre réponse, votre gouvernement au-
« rait dû s'apercevoir que nous n'avons pas désiré,
« comme votre gouvernement l'a prétendu, amener une
« modification dans les relations qui sont la conséquence
« du fait que la France et le Maroc sont des voisins,
« lorsque nous avons proposé qu'une troisième puis-
« sance agisse comme médiatrice en exécutant les ré-
« formes. Après mûre réflexion, sa Majesté Chérifienne
« m'a invité à vous répondre, qu'elle n'a jamais oublié
« que l'Algérie est un pays voisin et que, comme ses an-
« cêtres, elle a toujours été désireuse d'être en relations
« amicales avec le gouvernement français, d'avoir con-
« fiance en lui.

« Mais lorsque les négociations engagées avec Votre
« Excellence furent soumises à l'assemblée des notables
« marocains, ceux-ci ont déclaré très fermement
« qu'ils ne permettraient qu'aucune mesure de réforme,
« civile ou militaire, fut mise à exécution par
« *aucune puissance, seule*, à moins qu'une Conférence in-
« ternationale à Tanger, n'eut examiné au préalable ces
« réformes; conférence à laquelle assisteraient des re-
« présentants des puissances signataires de la Conven-
« tion de Madrid. Les notables ont déclaré : que cette
« conférence devrait s'occuper de la question de savoir
« de quelle façon il conviendrait d'inaugurer ces réfor-
« mes et qu'il importerait qu'une décision unanime fut
« prise en ce qui concernait cette question. »

« *Abdul-Kerim-Ben-Sliman, 27 mai.* »

D'autre part, le 30 mai, le Sultan fit remettre aux

puissances l'invitation suivante à une Conférence européenne internationale :

« Sa Majesté Chérifienne m'ordonne d'inviter toutes « les honorables puissances à tenir à Tanger une confé- « rence à laquelle leurs honorables représentants et « ceux du Maghzen prendront part, afin de discuter le « mode de mise à exécution des réformes que sa Majesté « Chérifienne a décidé d'entreprendre dans son empire, « en tenant compte des questions d'actualité, et afin « d'examiner également la question des dépenses que « nécessitera l'adoption de ces réformes. »

« Nous vous invitons donc à mettre votre gouverne- « ment au courant de toutes les paroles précédentes et « à demander l'autorisation de prendre part à ladite « Conférence ».

« Nous vous demandons de nous faire parvenir une « réponse lorsque vous aurez reçu celle de votre gou- « vernement. »

« *A la cour de Fez, 25 rihia eboul 1325 (30 mai 1905).*

« Mahomet-Bel-el-Arbi-Torrès. »

Sur ces entrefaites, M. Lowter, ministre d'Angleterre, arriva à Fez le 31 mai ; le sultan le reçut et le mit au courant de la situation, mais M. Lowter lui fit nettement connaître que la Grande-Bretagne se refusait à adhérer au projet d'une conférence internationale.

Le 5 juin, l'Allemagne adressa une nouvelle circulaire à l'Europe pour appuyer officiellement la proposition du sultan du 30 mai, tendant à convoquer la Conférence. M. Rouvier refusa d'aller à une réunion de cette sorte, si l'Allemagne devait « y faire échec à nos propositions. »

Le prince Radolin lui répondit alors le 15 juin : « Que « son gouvernement désirait la conférence ; si elle n'a- « vait pas lieu, c'était le *statu quo* et que l'*Allemagne « était derrière le Maroc avec toutes ses forces.* »

La situation devint critique pour nous ; M. Rouvier voulut bien admettre que nous allions à la Conférence, mais comme nous voulions en revenir, c'est-à-dire réconciliés avec l'Allemague ; pour cela nous devions savoir comment elle voulait envisager les réformes à faire au Maroc, il fallait s'entendre avec elle. On négocia, M. de Bülow insistant toujours sur la nécessité de « ne « pas laisser trainer cette affaire, mauvaise, très mau- « vaise » (2), et sur les satisfactions qu'il nous accorderait sans compter, si nous acceptions la conférence.

Le gouvernement français exposa alors loyalement ses projets ; mais le prince de Radolin, le 16 juin, répondit que son gouvernement ne pouvait entrer avec la France en délibérations sur le programme et sur les buts de la conférence, qu'après que celle-ci aurait accepté formellement l'invitation de s'y rendre. Le 21 juin, M. Rouvier répondit qu'il voulait bien accepter, mais qu'avant, il tenait à dissiper tout le malentendu en faisant connaître les propositions que nous avions présentées au sultan et il les cita dans sa note. Ce fut une

(1-2) *Livre jaune*. pp. 232, 241, 244.

cause de déception pour Berlin, car il était facile de voir à leur lecture, que leur seul but était de demander que l'on reconnût que notre situation en Algérie, à la frontière de l'empire chérifien, rendait légitime le souci que nous prenions de l'ordre au Maroc, de sa bonne administration, de sa prospérité.

L'Allemagne continua néanmoins à menacer ; le 24 juin elle nous fit parvenir une note dans laquelle il était dit :

« Le gouvernement impérial aime à espérer que le « gouvernement de la République voudra bien subor- « donner ses doutes actuels contre la Conférence, aux « avantages durables que la réalisation des réformes « amènera pour le Maroc; ainsi que pour la tranquillité « du monde. »

Le 8 juillet on arriva enfin à se mettre d'accord sur une formule qui implique à la fois l'adhésion de la France au principe de la Conférence et la reconnaissance par l'Allemagne de nos droits et de nos intérêts, dont voici le texte :

« *M. Rouvier, président du Conseil, ministre des*
« *Affaires étrangères, au prince de Radolin,*
« *ambassadeur d'Allemagne, à Paris.*

« Paris, le 18 juillet 1905.

« Le gouvernement de la République s'est convaincu, « par les conversations qui ont eu lieu entre les repré- « sentants des deux gouvernements, tant à Paris qu'à

« Berlin, que le gouvernement impérial ne poursuivait
« à la conférence proposée par le sultan du Maroc, au-
« cun but qui compromît les légitimes intérêts de la
« France dans ce pays, ou qui fût contraire aux droits
« de la France, résultant de ses traités ou arrangements,
« et en harmonie avec les principes suivants :

« Souveraineté et indépendance du sultan ;

« Intégrité de son empire ;

« Liberté économique sans aucune inégalité ;

« Utilité de réformes de police et de réformes finan-
« cières, dont l'introduction serait réglée pour une courte
« durée par voie d'accord international ;

« Reconnaissance de la situation faite à la France au
« Maroc, par la contiguïté sur une vaste étendue, de
« l'Algérie et de l'empire Chérifien, et par les relations
« particulières qui en résultent entre les deux pays limi-
« trophes, ainsi que par l'intérêt spécial qui s'ensuit
« pour la France, à ce que l'ordre règne dans l'empire
« Chérifien : En conséquence, le gouvernement de la
« République laisse tomber ses objections premières
« contre la conférence et accepte de s'y rendre. »

Le même jour, le prince de Radolin répondit à la lettre de M. Rouvier, exactement dans les mêmes termes, et à la suite de cet échange de correspondance, ils signèrent l'accord suivant :

« Le gouvernement de la République et le gouverne-
« ment allemand conviennent :

« 1° De rappeler à Tanger simultanément leurs mis-

« sions actuellement à Fez, aussitôt que la conférence « sera réunie ;

« 2° De faire donner au Sultan du Maroc des conseils « par leurs représentants, d'un commun accord, en vue « de la fixation du programme qu'il proposera à la « Conférence, sur les bases indiquées dans les lettres « échangées sous la date du 8 juillet 1905 entre le pré- « sident du Conseil, ministre des Affaires étrangères, et « l'ambassadeur d'Allemagne à Paris. »

Enfin, le 10 juillet, M. Rouvier lut à la Chambre une déclaration, dans laquelle il lui faisait part des deux lettres échangées entre lui et le prince de Radolin et de l'accord qui les avait suivies.

Il termina ensuite en disant :

« L'entente est donc formelle, entre l'Allemagne et « nous, sur les principes essentiels dont le maintien au « Maroc a pour la France, puissance limitrophe, un « prix tout particulier.

« De même est reconnu l'intérêt spécial que nous « avons dans l'empire chérifien, tout état de trouble « pouvant avoir une répercusssion parmi les popula- « tions musulmanes sujettes de la France.

« Enfin, les deux gouvernements admettent égale- « ment l'utilité des réformes de police et des réformes « financières, ainsi que nous avions pris l'initiative de « les proposer.

« Nous apporterons, de concert, au sultan, des conseils « sur le programme à établir, en vue de la consultation

« des puissances sur les bases résultant de nos divers « accords.

« L'accord si désirable qui s'est ainsi réalisé entre les « deux gouvernements, laisse intacts les arrangements « que la France avait précédemment conclus avec d'au- « tres puissances. A aucun moment des négociations, « la discussion ne s'est portée sur l'accord franco-an- « glais du 8 avril 1904, ni sur l'accord franco-espagnol « du 3 octobre de la même année.

« La déclaration faite dans les lettres échangées, au « sujet des traités et arrangements de la France, aussi « bien que les assurances formelles que le représentant « du gouvernemont impérial m'a apportées spontané- « ment, au cours de nos pourparlers, et a renouvelées à « leur issue, me permettent d'affirmer devant vous que « l'Allemagne ne met pas en cause nos accords avec « l'Angleterre et l'Espagne.

« Pouvait-il, d'ailleurs, en être autrement ? Ces ac- « cords n'engagent vis-à-vis de nous que les deux puis- « sances qui les ont signés ; et, réciproquement, nous « engagent seuls vis-à-vis d'elles. Il ne pouvait être « question d'en tirer argument contre aucune autre « puissance, de même qu'aucune autre puissance ne « peut rien objecter aux conditions que l'Angleterre et « l'Espagne ont consenties pour leur part et dans la « plénitude de leurs droits. »

L'accord était donc fait et telle était la charte des rapports franco-allemands ; c'est sous sa garantie que l'on allait s'acheminer vers la Conférence, dont il n'y avait plus, désormais, qu'à élaborer le programme.

Seulement, deux jours à peine, après cette déclaration, un incident vint remettre tout en cause.

Le chancelier avait bien promis, soit à notre ambassadeur, soit à M. Rouvier, que si nous acceptions la Conférence, l'Allemagne ne réclamerait aucun avantage particulier au Maroc; or, le 12 juillet, quatre jours après l'accord, M. Saint-René Taillandier resté à Fez, signalait des négociations engagées par le comte de Tattenbach, pour obtenir d'abord, pour la maison allemande Borgeaud et Reutemann, les travaux du port de Tanger; ensuite, pour la maison Mendelssohn, un emprunt qualifié « *avance* » (1).

M. Rouvier, pendant une semaine, attendit la confirmation de cette nouvelle, puis le 20 juillet il signala à l'ambassadeur d'Allemagne l'incorrection d'un tel procédé, dans un entretien avec lui, et lui posa des questions précises demandant une réponse. Le prince de Radolin se garda bien de répondre ; ce que voyant, le 29 juillet, M. Rouvier lui écrivit au sujet des négociations du comte de Tattenbach, lui faisant observer qu'elles étaient contraires aux promesses qu'il avait inscrites lui-même dans l'accord du 8 juillet.

Le prince de Radolin se contenta de nier toute action du ministre allemand à Fez, contraire aux idées de la convention du 8 juillet.

(1) *Livre jaune*, pp 253 à 305.

Mais le 1er août, notre chargé d'affaires à Tanger confirma les renseignements télégraphiés par M. Saint-René Taillandier le 12 juillet ; il annonçait que les négociations du comte de Tattenbach avaient réussi, en ce qui concernait le port de Tanger, et que les Allemands avaient définitivement obtenu le contrat relatif à la construction d'un môle et d'un entrepôt dans cette ville.

« Le chargé d'affaires d'Allemagne, disait-il, m'a con-
« firmé que le prix était de un million 300.000 marks. »

Le prince de Radolin, interrogé de nouveau, garda toujours un mutisme complet : voyant alors qu'il ne pouvait rien en tirer, M. Rouvier chargea M. Bihourd de demander des explications à M. de Bülow.

Le chancelier était absent ; ce fut un sous-secrétaire d'Etat, M. de Mühlberg, qui répondit par des paroles vagues, à notre ambassadeur.

Le 2 août, enfin, M. Saint-René Taillandier écrivit que l'emprunt, dont il avait déjà annoncé les négociations, en faveur de la maison Mendelssohn, était en train de se conclure et s'élevait à 10 millions de marks. Nouvelle lettre de M. Rouvier au prince de Radolin, qui se dérobe toujours ; alors, nouvelle démarche de M. Bihourd auprès de la chancellerie. Ce fut encore M. de Mühlberg qui répondit. Il déclara qu'il ne s'agissait pas, *sans doute*, d'un emprunt proprement dit, mais d'une *opération commerciale*.

L'emprunt fut conclu le 13 août ; le lendemain l'Allemagne se réveillait et venait nous donner des explications. Elle envoya son chargé d'affaires à Tanger expliquer au nôtre que ce n'était qu'une *affaire commerciale de banquiers allemands.*

Cette démarche n'était qu'un faux-fuyant et il était constant que, pour le port comme pour l'emprunt, M. de Taltembach avait violé les engagements pris par M. de Bülow.

Mais il fallait s'occuper du programme de la conférence : d'abord on n'échangea à ce sujet que quelques notes sans importance ; nous nous efforcions pourtant, d'exclure la question de la frontière, de la compétence de la conférence. A ce sujet M. Rouvier écrivait le 30 août :

« La police, sur la frontière franco-marocaine, est réglée par des usages traditionnels, des traités et des conventions successifs, qui n'ont cessé d'être et doivent rester l'affaire exclusive des deux pays. Les conditions et rapports de voisinage, assignent à cette police un rôle spécial ; ils en déterminent et justifient le régime, et ne permettent pas de concevoir que ce régime puisse être établi ou modifié, autrement que par le seul accord des deux pays voisins (1).

Sur ce point, nous obtîmmes satisfaction ; le docteur Rozen, ministre d'Allemagne au Maroc, adjoint au prince de Radolin comme négociateur technique, arriva à Paris le 7 septembre ; à partir de ce moment-là, les négociations pouvaient être rapidement menées.

Le docteur Rosen, qui approuva lui aussi, la mise à

(1) *Livre Jaune*, p. 290.

l'écart de la Conférence de la question de police sur la frontière marocaine, essaya de nous faire prendre l'engagement, soit écrit, soit verbal, de ne pas solliciter le mandat de police dans le reste du Maroc ; mais là-dessus il rencontra un refus formel de notre part.

Les négociations recommençaient à traîner en longueur, lorque M. de Witte, de retour de Portsmouth, où il venait de signer la paix russo-japonaise, nous permit de hâter leur conclusion. Le protocole relatif au programme de la conférence fut signé le 28 septembre, et le même jour, les commissaires des deux gouvernements rédigèrent une note dans laquelle on décida que la conférence aurait lieu à Algésiras et où l'on régla les affaires du port et de l'emprunt Mendelssohn.

Nous reproduisons ci-dessous le texte de l'accord et de la note :

« *Accord signé, le 28 septembre 1905, par M. Rouvier, président du conseil, ministre des Affaires étrangères, et le prince de Radolin, ambassadeur d'Allemagne à Paris :*

« Les deux gouvernements se sont mis d'accord pour proposer au sultan le projet de programme suivant, élaboré en conformité des principes adoptés dans l'échange de lettres du 8 juillet :

I

« 1° Organisation, par voie d'accord international, de la police hors de la région frontière ;

« 2o Règlement organisant la surveillance et la répression de la contrebande des armes.

« Dans la région frontière, l'application de ce règlement restera l'affaire exclusive de la France et du Maroc.

II

Réforme financière

« Concours financier donné au maghzen par la création d'une Banque d'Etat avec privilège d'émission, se chargeant des opérations de trésorerie et s'entremettant pour la frappe de la monnaie, dont les bénéfices appartiendraient au maghzen.

« La Banque d'Etat procèderait à l'assainissement de la situation monétaire.

« Les crédits ouverts au Maghzen seraient employés à l'équipement et à la solde des troupes de police et à certains travaux publics urgents, notamment à l'amélioration des ports et de leur outillage.

III

« Etude d'un meilleur rendement des impôts et de la création de nouveaux revenus.

IV

« Engagement par le Maghzen de n'aliéner aucun des services publics au profit d'intérêts particuliers.

« Principe de l'adjudication, sans exception de nationalité, pour les travaux publics. »

Fait à Paris, le 28 septembre 1905.

Signé : Rouvier,

Radolin.

Note concertée entre les commissaires des gouvernements français et allemand.

Paris, le 28 septembre 1905.

« Les négociations entre la France et l'Allemagne, concernant le projet du programme de la conférence sur les affaires marocaines, viennent d'aboutir.

« L'accord s'est fait sur un programme qui comprend : Organisation de la police ; règlement concernant la surveillance et la répression de la contrebande des armes ; réforme financière consistant principalement dans l'institution d'une banque d'Etat, étude d'un meilleur rendement des impôts et de la création de nouveaux revenus; enfin, fixation de certains principes destinés à sauvegarder la liberté économique.

« Quant à la région frontière, par une réserve spéciale insérée au projet de programme, il est entendu que les questions de police continuent à y être réglées directement et exclusivement entre la France et le Sultan et restent en dehors du programme de la Conférence.

« Dans la même région, l'application du règlement sur la contrebande des armes, restera l'affaire exclusive de la France et du Maroc.

« Les deux gouvernements se sont mis d'accord pour demander à l'Espagne si elle accepterait que la ville d'Algésiras fut choisie comme lieu de réunion de la conférence.

« En ce qui concerne les questions de l'emprunt et du port, elles ont été réglées de la manière suivante :

I

« Pressé par sa situation financière, le Maghzen s'était adressé à un intermédiaire étranger résidant au Maroc — qui a eu lui-même recours à un groupe de banques allemandes — pour obtenir une avance de courte durée, remboursable sur le prochain emprunt; le gouvernement offrait en gage ses biens immobiliers dans les différentes villes de la côte.

« Un accord s'est établi entre le groupe de banques allemandes et le consortium des banques françaises, en vue de participer à cette opération qui gardera son caractère d'avance de courte durée, avec gage spécial, et remboursable sur le prochain emprunt ou par les voies et moyens de la Banque d'Etat dont la création figure au programme de la conférence. L'opération laisse intacte la question du droit de préférence du consortium français.

« En ce qui concerne la construction d'un môle dans le port de Tanger, le gouvernement marocain avait, par une lettre adressée à la légation d'Allemagne en date du 26 mars, demandé à la maison Borgeaud et Reutemann l'établissement de deux plans entre lesquels il choisirait

« Comme, à la même époque, une Compagnie française avait été autorisée à étudier les mêmes travaux, il a été entendu qu'on prendrait un délai pour examiner les titres de cette Compagnie, et que, à moins que la Compagnie française ne présente des titres identiques à ceux de la Compagnie allemande, celle-ci exécutera les travaux commandés par le maghzen.

II

« Le projet de programme et la proposition concernant le lieu de réunion de la conférence vont être soumis sans délai, par les deux gouvernements, à l'adhésion du sultan et à celle des puissances signataires de la convention de Madrid ou y ayant adhéré.

« Dès que les propositions concernant le programme et le lieu de la conférence auront été soumises au sultan, les deux missions quitteront Fez pour retourner à Tanger. »

Aussitôt que l'on eût connaissance de cet accord, il y eût en Allemagne comme en France une grande impression de soulagement et la tranquillité commença à renaître dans les esprits ; on eût le pressentiment que le plus fort était fait et qu'à la conférence l'entente serait facile.

Dès lors la politique allemande changea subitement de face et l'empereur lui-même protestait dans une réunion privée, vers le milieu d'octobre, de la façon suivante, contre les intentions belliqueuses qu'on lui avait prêtées :

« On a tort de dire qu'il existe autour de moi un parti de la guerre. Ce parti n'existe pas.

« Quand bien même il existerait, celà n'aurait aucune importance ; car à moi seul appartient de prendre une décision.

« Je ne veux pas la guerre, parce que je considèrerais la guerre comme contraire à mon devoir devant Dieu et vis-à-vis de mon peuple.

« J'ai été agacé par certains procédés de M. Delcassé, mais je rends pleinement hommage au tact et à la fermeté de M. Rouvier.

« Je ne ferai rien pour créer des difficultés, et j'ai donné au comte de Tattenbach les instructions les plus conciliantes. »

Le 17 octobre, les ministres de France et d'Allemagne recommandèrent simultanément au maghzen l'acceptation du protocole du 28 septembre ; le 25, Abd-el-Aziz y adhéra.

Le 1er décembre il invita les puissances signataires de la conférence de Madrid et celles qui y avaient adhéré par la suite, à se faire représenter à la conférence qui allait se tenir à Algésiras (1). La Conférence s'ouvrit le 15 janvier 1906, sous la présidence du duc de Almodovar del Rio, ministre d'Etat espagnol.

(1) *Livre Jaune*, pp. 311 à 320.

CONCLUSION

CONCLUSION

Que résulte-t-il de cette étude et que peut-on en dégager ?

Nous avons successivement vu que les relations des sultans du Maroc avec les nations européennes furent intermittentes jusqu'à la fin du dix-neuvième siècle. Nouées à la suite de guerres, elles étaient consacrées par des traités; mais nous savons que rarement ceux-ci étaient exécutés. De plus, jusqu'à l'entrée du dix-neuvième siècle, nous connaissons les exploits de ces populations de brigands de ce peuple de pirates, qui fut pendant si longtemps le fléau du commerce européen.

Les Portugais se sont d'abord installés sur les côtes marocaines, mais ils les ont abandonnées de bonne heure : les Espagnols, se sont maintenus dans leurs Présides, au prix de beaucoup de sacrifices et sans bénéfice pour eux, isolés dans ces forteresses, réduites de par la volonté même des sultans, à une sorte de « *cristallisation* » économique et à l'isolement des autres parties du Maghreb.

Les chérifs, en effet, comme nous l'avons relaté, ne tiennent pas à développer leurs relations avec l'Europe ; ils sont rebelles, en principe, à son intrusion dans leur empire. Ils redoutent sa *civilisation*, craignant en la laissant s'introduire chez eux, qu'elle n'amoindrisse leur prestige et surtout, ne détruise leur indépendance.

Enfin, s'ils restent en dehors du commerce international, s'ils s'isolent volontairement des nations civilisées, c'est qu'en vrais fils de l'Islam, ils ont comme tous leurs sujets, rebelles ou fidèles, une aversion profonde pour les chrétiens, « *la haine du Roumi* ».

La meilleure preuve de ce désir, de ce besoin d'isolement, c'est que le gouvernement chérifien, qui a son siège à Fez, contrairement aux usages internationaux, n'accepte pas les représentants des autres nations dans sa capitale. Le corps diplomatique étranger réside à Tanger, et, chose curieuse, qui ne se voit qu'au Maroc, il n'a régulièrement pas de rapports avec le sultan. Toutes les communications, tous les pourparlers diplomatiques, se font par l'intermédiaire du ministre des affaires étrangères de l'empire, qui, lui aussi, pour ce fait, au lieu de rester auprès de son maître, réside à Tanger.

L'Europe n'a donc de relations directes avec les sultans de Fez, que lorsqu'un de ses Etats envoie auprès d'eux une ambassade, une mission extraordinaire : sauf ces cas, les empereurs marocains restent dans leur capitale, isolés de tous les *non-croyants*.

Abd-el-Aziz, le premier, au début de son règne et dans l'inexpérience de son jeune âge, s'était plu dans la compagnie de quelques européens qui l'initiaient dans le goût des choses nouvelles, de cette civilisation, à laquelle ses prédécesseurs avaient systématiquement fermé les portes de leur palais. Nous avons vu qu'il faillit payer de son empire les fantaisies que lui suggéraient ses initiateurs et fut obligé de les renvoyer pour ne pas voir sa capitale, elle-même, se révolter contre lui. On peut, du reste, dire aussi, que les états européens ne se sont jamais bien souciés d'avoir à causer diplomatiquement avec le Maroc.

Certains particuliers seulement ont fondé des établissements de commerce dans les ports; pour être tranquilles, il leur a fallu recourir à la protection de leurs pouvoirs nationaux et c'est ainsi que le régime des Capitulations s'est peu à peu introduit dans l'empire Chérifien.

Afin de pouvoir entrer en relations avec l'intérieur de l'empire qui leur était complètement fermé, ces mêmes négociants ont dû encore s'adresser à leurs ambassadeurs : c'est l'origine de la protection consulaire, qui, comme nous l'avons vu, a été réglée définitivement par la conférence de Madrid de 1880.

En continuant, nous voyons toujours la même situation dans la vie politique du Maroc ; à l'intérieur, des guerres entre sultans et prétendants, des pillages par des brigands de grands chemins, etc.; sur la côte, les Présides espagnols, villes mortes, et les ports marocains où les maisons de commerce continuent à traiter leurs affaires tant bien que mal. Tanger seule s'européanise en partie et s'assainit, grâce à la présence du corps consulaire et sous sa direction.

Il semblerait donc que l'Europe ait dû se désintéresser de ce pays inhospitalier d'où elle était comme exclue par la volonté des sultans et la haine des populations !

Pourtant il y a encore, et il y a presque toujours eu une « *Question du Maroc* », question internationale ; de plus, nous autres, Français, sommes intéressés directement à ce que la tranquillité règne sur l'empire chérifien, à cause de notre colonie voisine; enfin, d'autres nations ont, elles aussi, des intérêts au Maghreb, soit économiques, soit politiques,

Voyons d'abord quelle est cette question internationale, nous résumerons ensuite nos intérêts et ceux que peuvent avoir les nations, qui, comme nous, ont des vues sur l'empire des chérifs.

La *Question Marocaine* se présente sous trois aspects différents : la plupart des puissances européennes ont un intérêt à sauvegarder au Maghreb ; 1° la France et l'Espagne, parce qu'elles confinent à ses frontières ; 2° l'Allemagne et l'Angleterre parce qu'elles commercent avec lui ; 3° presque toutes les nations, parce que leurs bâtiments sont obligés de passer en vue de ses côtes.

Mais de ces trois points d'intérêt, pour tous les pays, c'est la question du détroit de Gibraltar qui prédomine, C'est à cause de ce détroit, le plus fréquenté du monde, que les nations se surveillent entre elles et que leurs représentants à Tanger se préoccupent davantage du maintien de la liberté du passage, que des intérêts de leurs nationaux dans le pays du Sultan.

La question du détroit est impliquée dans celle du Maroc, car en effet, il est marocain par une de ses rives. Toutes les nations, mêmes celles qui, comme l'Angleterre, auraïent le plus grand intérêt à l'ouverture de l'empire des Chérifs au trafic universel, s'opposent énergiquement à ce que l'une d'elles se charge de l'administrer, d'y créer des ports, d'y construire des voies ferrées, d'y assurer la sécurité. Toutes redoutent que la nation dont l'influence et la prédominance règneraient ainsi au Maroc, ne vienne en cas de guerre, à entraver la navigation dans le détroit.

C'est ainsi, qu'aucun état ne pourrait admettre que la Grande-Bretagne, qui déjà possède à Gibraltar une position sans égale, aille occuper la côte marocaine du détroit ou même un seul point de cette côte. L'Angleterre de son côté, ne consentira jamais à ce qu'une nation s'installe en face de Gibraltar, et que, par exemple, Tanger qui approvisionne quotidiennement la garnison anglaise, tombe entre les mains d'une puissance rivale.

Il serait pourtant facile de résoudre cette question du détroit d'une façon définitive; il suffirait pour cela que les nations intéressées se missent d'accord, en vue d'assurer la neutralité des côtes qui vont du Cap Spartel à la Punta Blanca.

La question marocaine serait dès lors dégagée de ce qui la fait paraître inquiétante pour la paix du monde et les nations européennes pourraient, économiquement, profiter des richesses que leur offre ce pays neuf, que la rivalité créée par le fameux *Passage* leur a jusqu'ici fait négliger.

Nos intérêts dans l'empire chérifien sont intimément liés à la prospérité de notre colonie algérienne. Celle-ci devient de plus en plus importante, il faut donc que nous assurions la tranquillité de cette nouvelle France.

On peut presque dire que le Maroc est un boulevard de l'Algérie ; tous les ans, près de trente mille Marocains viennent dans le département d'Oran pour moissonner et vendanger. Si l'empire chérifien continue à être bouleversé par des luttes intérieures, ces gens-là ne se rendront plus en Algérie et cela porterait un grand préjudice à la colonie. C'est déjà pour remédier à cet état de choses, qu'en 1901 et 1902 on signa des accords franco-marocains pour la délimitation de nos frontières. Ces accords ont fondé un droit particulier à l'est de l'empire chérifien, et pour cela l'expansion française au Maroc est devenue pour nous une nécessité fondamentale, issue de la possession de l'Algérie. Nous avons donc songé à étudier le problème de la pénétration marocaine, et comme nous nous rencontrions sur ce terrain avec d'autres puissances, nous avons dû nous entretenir avec elles de la solution à intervenir ; c'est alors que M. Delcassé a commencé à entrer en relations avec l'Italie, l'Espagne et l'Angleterre.

D'autre part, nous avons intérêt aussi à ce qu'aucune nation étrangère ne vienne s'installer au Maghreb, car elle pourrait y mener contre nous une politique hostile et y recruter des agents, pour inciter à la révolte les quatre millions d'indigènes qui sont en Algérie, contre à peine quatre cent mille Français.

Si un soulèvement de cette sorte avait lieu, non seulement la France algérienne serait en péril, mais encore notre défense métropolitaine en serait toute désorganisée : s'il nous fallait envoyer en Algérie de 150 à 200.000 hommes, ce serait pour nous un péril national.

Aussi M. Delcassé disait-il avec raison le 12 avril 1904.

« *Le Maroc placé sous notre influence, c'est notre empire*
« *du nord de l'Afrique fortifié; soumis à une influence*
« *étrangère, c'est pour le même empire, la menace perma-*
« *nente et la paralysie.* »

Notre intérêt politique exige donc que l'empire Chérifien cesse d'être, à nos portes, un foyer d'agitation ; ensuite, qu'une intervention internationale n'y devienne pas pour nous une menace éventuelle. Enfin, dans l'ordre économique, nous avons des raisons sérieuses pour désirer la tranquillité chez nos voisins du nord-africain ; l'anarchie croissante qui y règne a sensiblement diminué le trafic terrestre franco-marocain. Le montant des échanges, de seize millions en 1901 est tombé à onze millions en 1902, à dix millions en 1903 ; enfin, en 1904, il n'était plus que de sept millions à peine. C'est une réduction de près des deux tiers, provenant de l'insécurité des trafics, des troubles incessants qui règnent dans l'intérieur du Maroc, et des razzias continuelles qui sont opérées sur les caravanes des deux pays : l'œuvre réformatrice se justifie donc encore par le souci de notre commerce.

Deux puissances paraissent posséder, à part nous, une situation telle dans l'empire Chérifien, qu'il soit utile de préparer, d'accord avec elles, notre extension à l'ouest de l'Algérie : l'Espagne, à cause de ses Présides du Rif et de son voisinage immédiat ; l'Angleterre, dont le commerce au Maroc est très important.

Parlons d'abord de l'Espagne.

Par suite, comme nous venons de le dire, de son voisinage, elle a été de tout temps en contact avec les gens du Maghreb ; pourtant les deux peuples, bien que voisins, sont restés tout à fait étrangers l'un à l'autre ; les Espagnols qui habitent les colonies de la côte restent confinés dans leur territoire à l'état d'hostilité presque continue avec les tribus qui les entourent. Ces colonies, elles-mêmes, n'ont été d'ordinaire utilisées que comme bagnes ; Melilla seule s'est développée un peu, depuis que l'on en a tait un port franc, mais c'est surtout l'Angleterre et la France qui en ont profité ; les autres Présides sont sans intérêt.

L'Espagne est, malgré cela, fort attachée à ce qu'elle appelle ses « *droits historiques* », surtout depuis ses désastres coloniaux. Elle fait remonter ces droits au testament d'*Isabelle la Catholique*, donnant aux Espagnols la mission de poursuivre les Maures jusque sur la rive africaine. Elle les a réalisés partiellement lors de la cession de Ceuta en 1688 ; lors de l'expédition de 1720 ; lors de celle, surtout, de 1859, qui aboutit à la prise de Tétouan, au paiement d'une indemnité de guerre et à l'agrandissement du territoire de Ceuta, mais à part cela ne produisit aucun résultat politique ni économique : ce fut même un succès de courte durée, puisque sur les injonctions de l'Angleterre, l'Espagne fut obligée, lors du traité, de rendre Tétouan au sultan.

Le commerce hispano-marocain est presque nul et ne représente que 4 à 8 0/0 du trafic marocain global ; il est de deux millions par an, environ, pour les Présides, ce qui fait, (à 20 0/0), quatre cent mille francs de bénéfice ; or, ceux-ci coûtent deux millions cinq cent mille pesetas annuellement à l'Espagne. Ceci n'est pas étonnant si l'on jette un coup d'œil sur la façon dont elle administre ses postes nord-africains ; quelques chiffres vont montrer clairement comment elle dépense à faux les crédits qu'elle affecte à ses Présides.

Elle accorde 212.000 pesetas par an pour le service postal hispano-marocain ; or, cette somme sert simplement à payer les parcours de deux vieux vapeurs, le *Sevilla* et la *Ciudad-Mahon*, qui ne valent pas plus de 90.000 à 120.000 pesetas à tous deux. Les recettes d'Etat qu'elle recouvre au Maroc s'élèvent en moyenne à 80.000 pesetas ; or, elle dépense 210.000 pesetas pour les recouvrer.

Certes, sa langue est bien la langue commerciale du pays et sa monnaie est la plus courante ; mais à quoi cela sert-il ? Cela prouve que sa politique a végété sur les côtes du Maroc depuis qu'elle s'y est installée, aucun pas n'a été fait par elle : si l'espagnol est la langue courante, si le douro est l'étalon monétaire ; c'est, on peut le dire, la « *seule influence* » qu'elle a, et elle lui coûte cher.

L'Espagne n'a pas su développer son commerce, malgré sa situation privilégiée, venant de sa proximité et de son immigration, (il y a environ six mille espagnols au Maroc) ; il n'y a pas dans tout l'empire Chérifien une maison de commerce espagnole importante, et suivant un vieux proverbe indigène, « *les Français parlent bien et ne paient guère, les Anglais paient bien et ne parlent guère, les Espagnols ne parlent ni ne paient.* »

Enfin, pour l'influence morale, elle n'a fait aucun progrès sérieux ; ayant le privilège d'entretenir des missionnaires et d'ouvrir des écoles, elle n'a pas su attirer à elle la population indigène. Par ses procédés vexatoires, elle s'est même aliéné les tribus voisines des Présides, dont elle ignore la langue, les mœurs et les institutions.

Voilà les « *droits historiques* » de l'Espagne !

Pourtant le patriotisme espagnol comptait toujours sur des revanches futures, sur une *reconquista*, pour compenser ses déboires de 1898 ; aussi, quand il devint notoire que la France négociait avec l'Angleterre au sujet du Maroc, l'émotion fut vive à Madrid. Cette émotion se calma un peu lorsqu'on connut l'article de l'accord franco-anglais qui prévoyait, comme un corollaire, une négociation franco-espagnole.

L'orgueil espagnol fut enfin satisfait lorsque, en considération de l'influence de l'Espagne au Maroc, nous eûmes signé l'accord du 3 octobre 1904, dans lequel nous définissions une zône d'influence pour elle.

L'Angleterre, à proprement parler, n'a aucun droit sur l'empire Chérifien, mais son commerce y est très important, et, comme nous l'avons vu, représente en moyenne 40 0[0 du trafic global du Maroc. Depuis 1844, elle avait énergiquement combattu notre politique : le percement du canal de Suez, d'autre part, avait accru pour elle l'importance de Gibraltar; aussi, de 1890 à 1895, elle avait pratiqué auprès des sultans la politique la plus active, notamment au moment de l'ambassade à Fez de sir Charles Evans Smith, et certainement songé au protectorat. En 1900 et 1901, sir Arthur Nicolson, par l'intermédiaire du caïd Mac Léan et de M. Harris, avait réussi à exercer sur le Maghzen une action prépondérante et anti-française. Il fallait donc nous ménager l'adhésion de l'Angleterre à nos projets; nous y avons réussi, en échange d'une sorte de désintéressement français en Egypte, par l'accord du 8 avril 1904.

Enfin, par ailleurs, l'Italie avait aussi adhéré à nos intentions et, par contre, nous nous étions engagés à ne pas contrarier ses progrès en Tripolitaine.

Tout à coup Guillaume II débarque à Tanger, le 30 mars 1905, et soulève la « *Querelle d'allemand* » que nous venons d'étudier dans notre dernier chapitre : *la Conférence d'Algésiras a été décidée; que pensons-nous, que devons-nous y faire?*

Certes, des droits au Maroc nous en avions en 1905?

Sans remonter à des dates trop anciennes, qu'avons-nous fait depuis la majorité d'Abd-el-Aziz, c'est-à-dire, pendant les cinq années qui ont précédé la conférence?

C'est nous seuls qui avons sauvé l'existence de l'empire chérifien ; c'est grâce à nous que le sultan n'a pas succombé aux attaques de Bou-Hamara et a conservé une ombre de pouvoir dans quelques parties de son empire. C'est grâce à nous encore, que l'anarchie n'a pas étendu ses batailles et ses brigandages jusque dans les ports ouverts au commerce européen ; sans nous, le Maroc entier serait le Blad-es-Siba, et l'Europe ne serait pas plus écoutée que le chérif.

Qu'avons-nous reçu en échange de ces services ? *Rien*. Au contraire, le maghzen, par la bouche de l'Allemagne, nous a accusés de *Tunisification*; mais est-ce vrai ? *Non ;* et ceux qui ont émis ces idées connaissent peu le pays des chérifs. Il y a une grande différence entre le Maroc et la Tunisie, l'Egypte, la Tripolitaine : en d'autres régions de l'Islam, un conquérant Arabe, Afghan ou Turcoman inspire sa domination militaire aux populations arabes, syriennes ou barbaresques. Dans ces pays, il a donc suffi de mettre la main sur le chef militaire, dey, bey, khédive pour imposer, en son nom, la volonté européenne ; voilà la *Tunisification !*

Au Maroc, au contraire, cela est impossible : ce pays d'abord, ne subit jamais la conquête turque et n'eut toujours que du mépris ou de la haine pour Constantinople ; c'est un *chérifat*, une sorte d'autorité religieuse qui règne sur le pays. Le Chérif est le chef religieux ;

tout système d'influences ou de réformes doit garantir avant tout, l'indépendance spirituelle et la souveraineté temporelle du sultan dans l'empire.

Au Maroc, le peuple n'acceptera jamais l'intervention directe de l'*Infidèle*, lui fût-elle très profitable ; si une seule puissance intervient, le pays entier se révoltera contre elle ; s'il y en a plusieurs, ce sera contre toutes, et la guerre sainte, dans les deux cas, sera prêchée.

On en a déjà eu plusieurs exemples ; c'est ainsi qu'exista la guerre perpétuelle qui harassa le Portugais et l'obligea à abandonner les côtes marocaines ; c'est ainsi encore, que l'Anglais quitta Tanger, et c'est enfin pour cette raison, que les Présides espagnols sont places mortes, toujours sur le qui-vive, ne pouvant espérer aucun développement, aucune extension vers l'intérieur, rivées à cette bande exiguë de terrain que couvre la portée de leurs canons.

Que devons-nous faire ?

Demander une sorte de protectorat, que nos intérêts, notre influence, nous autorisent à réclamer. Mais il faut se mettre en garde contre toute réforme qui ne serait pas entreprise par le chérif, pour lui, et au profit de ce pouvoir religieux qui lui donne ce semblant de puissance et maintient, quoique soumis à pas mal de vicissitudes, un embryon de gouvernement dans ce pays à demi-barbare.

Il faudrait apporter au Maroc la loi des garanties chérifiennes et la forme d'intervention concordante ; le maintien de l'ordre dans l'empire, la bonne administration du pays, sa prospérité.

Nous devons donc arriver à Algésiras en nous promettant de respecter la souveraineté et l'indépendance du sultan, l'intégrité de son empire et la liberté économique sans inégalité. Nous devons, en outre, faire reconnaître l'utilité de réformes de police, de finances et d'administration, à régler par un accord international, c'est vrai ; mais pour lesquelles, eu égard à nos intérêts directs algéro-marocains, nous devons prendre une part plus importante que les autres nations, car l'ordre de l'empire chérifien est un des éléments essentiels à l'avenir de nos possessions algériennes.

Liste des Traités conclus par le Maroc avec l'Europe

TABLE DES MATIÈRES

CHAPITRE IV

Toulouse. — Imprimerie du *Rapide*, 51, rue Bayard.

ERRATA

Page 5, ligne 25 : au lieu de, *la traduction arabe;* lire, *la traduction en Français.*

Page 22, ligne 11 : lire, *soustraient* et non *soustraisent.*

Page 40, ligne 18 : lire, *que les indigènes appellent Beni-ma-el-Portughise,* au lieu de, *que les indigènes appellent encore Beni-ma-el-Portughise.*

Page 56, lire *Danemark* et non *Dannemark.*

Page 119, ligne 15 : au lieu de, *fournies par la commission d'hygiène;* lire, *fournies par le Conseil Sanitaire.*

Page 119, ligne 22 : au lieu de, *résidait cette même commission, formée.....;* lire, *résidait ce même conseil, formé.....*

Page 147, ligne 19 : au lieu de, *par aucune puissance, seule;* lire, *par une puissance, seule.*

TOULOUSE
Imprimerie du "Rapide"
51, Rue Bayard, 51

www.ingramcontent.com/pod-product-compliance
Lightning Source LLC
Chambersburg PA
CBHW072239270326
41930CB00010B/2195
9782011264114